인생 2막 최고의 복지제도는
'즐거운 현역'이다
& K주택연금, 실버타운

인생 2막 최고의 복지제도는
'즐거운 현역'이다
& K주택연금, 실버타운

펴 낸 날   2023년 11월 28일

지 은 이   박종철
저자 메일   bjc101@naver.com
펴 낸 이   이기성
기획편집   이지희, 윤가영, 서해주
표지디자인   이지희
책임마케팅   강보현, 김성욱
펴 낸 곳   도서출판 생각나눔
출판등록   제 2018-000288호
주   소   경기 고양시 덕양구 청초로 66, 덕은리버워크 B동 1708호, 1709호
전   화   02-325-5100
팩   스   02-325-5101
홈페이지   www.생각나눔.kr
이 메 일   bookmain@think-book.com

• 책값 : 15,000원
  ISBN 979-11-7048-622-0(03300)

인생 2막 최고의 복지제도는
'즐거운 현역'이다
& K주택연금, 실버타운

박 종 철 지음

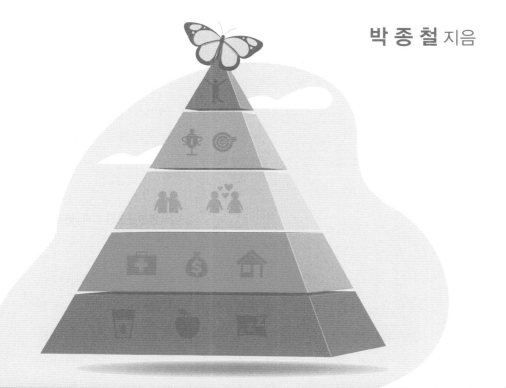

100세 시대를 관통하는 'N력, 재력, 협력, 체력'의
최고 솔루션 「즐거운 현역」에 관한 쏠쏠한 안내서

생각나눔

추천의 글

인간의 기대수명이 꾸준히 증가되어 이제 '호모 헌드레드' 100세 시대가 회자되고 있습니다. 100세 시대가 장수의 축복이 되기 위하여 저자가 강조한 것처럼 우리는 국민연금을 기초로 여러 형태의 연금 구조를 다원화할 필요성이 대두됩니다. 장수 시대를 대비하여 국민연금을 백년지계 주춧돌로 쌓아놓고, 퇴직연금 및 국가에서 연금 지급을 보증하는 K주택연금 등으로 다양화하는 지혜가 필요합니다. 이 책은 은퇴자나 은퇴를 준비하는 모든 분에게 풍부한 상황과 다양한 관점에서 살펴볼 이야기를 제공하며 독자의 기대치에 부응하리라 생각됩니다.

– 김영(국민연금공단 감사, 변호사)

모든 은퇴자가 겪는 인생 2막의 시작을 '창업과 같다'는 헤드라인이 눈길을 끌고 있습니다. 그래서 인생 2막 시작(start-up)은 먼저 자신을 둘러싼 제반 상황을 'SWOT 분석'하도록 제시하였습니다. 또한 인생 2막을 '즐거운 현역'으로 살아가는 N잡러(N력), 경제력(Economy, 재력), 사회력(Society, 협력) 및 건강력(Training, 체력)이 유기적으로 운영되는 'NEST 경영 체제'를 체계적으로 살펴본 것도 신박합니다. 따라서 이 책은 인생 2막의 긴 항해에서 모든 분에게 좋은 방향타가 될 것입니다.

– 고병인(중앙경영연구원 원장, 박사)

'100세 시대'를 맞이하여 리스크 테이킹 없이 무병장수하며 높이 날기 위해서는 경제력, 체력과 더불어 무엇보다 나눔과 베풂의 미덕을 책에서 강조하고 있습니다. 평소 보아온 박종철 박사의 열린 마인드와 열정 그리고 진정성이 잘 표현된 책이라고 생각합니다. 그리고 똑같이 주어진 '인생 2막의 삶'은 평등하지 않지만, 매슬로의 인간욕구에서 명사형보다 동사형 꿈을 가진 멋진 나비가 되자고 역설하는 것은 많은 시사점을 제시합니다. 정말로 '즐거운 평생현역'이 되고자 하는 모든 분이 가볍고 즐거운 마음으로 약간의 시간을 투자하여 인생 2막에 대한 멋진 통찰력을 얻어가시길 적극 권합니다.

　　　　　　　　　　　　　　　　　－ 한종관(전북신용보증재단 이사장)

　노벨경제학상 수상자인 로버트 머튼 교수도 칭찬한 한국의 '주택연금' 최초 기안자가 전하는 'K주택연금' 그리고 '실버타운' 등은 인생 2막의 핫템으로 부각되고 있습니다. 특히 2003년 당시 국민의 주거복지 증대 등을 위하여 미국의 제도를 밤새워 벤치마킹한 것으로 시작된 'K주택연금'의 탄생과 이후에 출연 기준 대출금 범위 확대 논문 등 박종철 박사의 애정과 자부심을 느낄 수 있는 K클래스의 'K주택연금' 이야기도 쏠쏠한 재미를 줍니다. 100세 시대에 '일거리'와 함께 'K주택연금'과 '실버타운'에 대한 탐구와 활용으로 인생 2막의 커튼콜이 즐겁고 활기차기를 원하는 분들에게 적극 추천해 드립니다.

　　　　　　　　　　　　　　　　　－ 김선광(전 한국주택금융공사 이사)

프롤로그

．
．
．

장수 분야 세계 최고 권위자인 싱클레어 하버드대 교수는 『노화의 종말』에서 인간의 기대수명이 향후 120세나 150세 정도가 될 것으로 예상한다. 우리는 100세 시대를 넘어 120세 시대를 살아갈 가능성이 커졌다. 장수가 축복이 되기 위해선 시대변화에 적극적으로 대응하며 자신을 새롭게 적응시켜야 한다. 따라서 '장수 리스크'를 대비하기 위하여 중·장년층이나 은퇴자는 자신의 현재 상태를 잘 살펴보아야 한다. 이는 '보람된 일거리를 가지고 즐겁게 활동'하는 인생 2막 '즐거운 평생현역'의 시작점이다.

필자는 인생 2막을 조금이나마 경험하며 동시대의 사람들과 대화하고 주변을 살펴보면서 '즐거운 평생현역'이 화두처럼 머리에서 떠나지 않았다. "어떻게 하면 '보람된 일거리를 가지고 즐겁게 활동'하는 궁극의 인생 파랑새인 '즐거운 평생현역' 시니어가 될 수 있을까?"가 그것이다. '궁리하면서 메모하고 서치하면 깊은 맛이 배어 나온다'는 이치처럼 작년 가을 생일 즈음부터 화두를 세워 메모하고 생각하였다.

인생 2막의 동료로 필자와 만난 사람들, 또는 중·장년층 예비 은퇴자들과 소통하며 '인생 2막'은 현실적인 문제로 다소 아프게 다가왔다. 국가나 조직은 인생 2막의 바람을 막는 '울타리 정도'이지 '해결의 사다리'가 될 수 없다는 냉엄한 현실 때문이다. 인생 2막을 조금이나마 경험한 자로서 그들에게 위안과 통찰력을 주어야 한다는, 미약하지만 나눔의 마음과 함께 다소 거창한 학문적인 의무감까지 머릿속에서 맴돌았다. 그렇게 울퉁불퉁한 생각 끝에 만들어진 것이 e북에 이은 『인생 2막 최고의 복지제도는 '즐거운 현역'이다 & K주택연금, 실버타운』이란 다소 긴 제목의 책이다.

그래서 PART 1에서는 인생 2막 최고의 복지제도인 즐거운 현역이 되기 위한 마음 자세 그리고 N잡러 등 NEST 경영 체제에 대한 실체적이고 하드웨어적인 여러 도구를 정리하였다. 이러한 1편에서의 상황 점검을 바탕으로 PART 2에서는 경제적 안정을 꾀하는 '주택연금'을 상세하게 정리하였다. 그리고 인생 2막의 몸과 마음을 힐링시켜 줄 '건강력'의 중요 섹터이며 최근 핫템인 '실버타운'을 살펴보았다.

특히 한국주택금융공사의 주택연금은 필자가 최초 기안자이다. 2003년 당시 국민의 주거복지 증대와 주택신용보증기금 출연금 확대 등 업무 역량을 확충하고자 미국의 주택공사 제도를 밤새워 벤치마킹한 아이디어로 시작된 산물이다. 그만큼 애정을 가지고 만들었고, 미국과는 다르게 사회보장적 성격을 가미한 좋은 노후 보장제도이다. 그래서 필자는 이 모든 정황을 포괄하고 애정과 자부심을 담아서 이번 출판되는 책 제목에 K클래스의 'K주택연금'을 넣었고, 관련 내용 등을 현장감 있게 기술하였다.

'100세 시대'의 출발선상에서 우리는 건강하게(무병), 오랫동안(장수) 그리고 높이(미학) 날기 위해서는 경제력, 체력과 더불어 무엇보다 나눔과 베풂의 미학이란 방향타도 간직하여야 한다. 그리고 똑같이 주어진 인생 2막의 삶은 평등하지 않지만, 매슬로의 인간욕구에서 명사형보다 동사형 꿈을 가진 멋진 나비가 되자고 강조하였다.

　이는 우리가 황소처럼 체력과 덩치만 큰 것이 아니라 좋은 미덕의 영혼을 지닌 인간으로 100세 시대, 긴 항해를 하자는 취지이다. 필자도 인생 2막을 살아보니 봉사와 재능기부의 베풂과 미덕을 쌓는 것은 내 마음속의 울퉁불퉁하고 기울어진 운동장에서 들고 있는 나침판을 반듯하게 잡아주는 주춧돌을 놓는 것과 같은 것임을 깨달았다.

　또한 인생 2막에서 자신에게 주어진 한정된 자원을 효율적으로 활용하기 위하여 마케팅 전략의 STP 관점에서 포지셔닝을 다시 수립하도록 하였다. 이를 바탕으로 'NEST 경영 체제' 만들기를 살펴보았다. 즉 자신의 1인 기업가 역량인 N잡러(N-jober, N력), 금전적인 경제력(Economy, 재력), 공동체 공감 능력인 사회력(Society, 협력) 및 몸과 마음의 건강력(Training, 체력)이 유기적으로 운영되는 'NEST 경영 체제'의 구축이다. 이처럼 'NEST 경영 체제'의 구축은 새의 둥지(nest) 같은 보금자리를 멋지게 만드는 것으로 인생 2막에서 미덕과 함께 즐거운 현역이 되기 위한 필요충분조건으로 제시하였다.

이제는 100세 시대의 긴 삶을 보람되게 살아가려면 합리적인 장기 계획을 수립해야 한다. 100세 시대가 누구에게나 주어질 수 있는 축복이자 재앙이 될 수 있기 때문이다. 그래서 기존 세대보다 길어진 장거리 삶을 다양한 각도에서 관찰하고 삶의 가치를 생각하며 준비하여야 한다. '인생 2막의 시작은 창업과 같다'고 필자가 강조하는 이유이다. 아무쪼록 인생 2막을 성공과 행복으로 이끌기 위하여 이 책에서 제시된 여러 방안을 '적극 실행'하는 인생 2막의 멋진 창업자가 되길 기대한다.

따라서 1막을 2막의 시작(start-up) 시점에 반추하고 이 둘을 관찰하면서 1막이 꼭 화려하고 당당하지 않아도 2막을 잘 준비하고 설계하면 즐겁고 보람된 2막을 충분히 연출할 수 있다. 인생을 연출하고 극본을 기획하는 감독은 바로 자신이기 때문이다. 이제부터 정말로 '나는 즐거운 평생현역이다.'라고 말할 수 있는 자가 되고 싶은가? 그러면 이 글을 끝까지 살펴보자.

목 차
CONTENTS

PART II
'2막의 커튼콜'은 즐겁고 활기차다

PART I

100세 시대,
'인생 2막 Dream'을 제안하다

왜 즐거운 평생현역인가?

1) 에베레스트 정상에서 셀카 찍기 경쟁 시대의 도래

2023년은 세계에서 가장 높은 산인 에베레스트(8848m)가 인간에게 정상을 허용한 지 70주년이 되는 날이다. 70년 전인 1953년 5월 29일, 뉴질랜드인 에드먼드 힐러리(1919~2008)와 네팔인 셰르파 텐징 노르가이가 세계에서 처음으로 산 정상을 밟았다.

정복 당시만 하여도 에베레스트는 인간이 감히 범접하지 못하는 신의 영역이었다. 힐러리 경은 최초 정복의 공로가 인정되어 엘리자베스 2세 여왕에게 기사 작위를 받았다. 또한 그가 살아있을 때 1999년부터 현재에도 사용되는 뉴질랜드 5불 지폐의 주인공이 되었다. 그가 사망하였을 때 뉴질랜드 총리가 그의 죽음을 발표할 정도이다. 이처럼 에베레스트 정복은 생사의 고난의 길이며, 영광 자체였다.

우리나라도 고상돈 산악인이 1977년 한국인 최초로 에베레스트 정상에 올랐다. 이로써 우리나라는 세계 8번째로 에베레스트 등정에 성공한 국가가 되었고, 그는 국민적 영웅으로 대접을 받았다. 당시만 하여도 에베레스트 정복은 1년에 2.5명 정도만이 가능했다. 그러던 것이 2020년 기준으로 1년에 1000명이 넘는 사람들이 이 산의 정상을 밟고 있다. 이렇게 정상 도달자들이 증가한 이유가 무엇일까?

세계 최초로 에베레스트를 정복한 힐러리 경이나 1977년 에베레스트를 오르던 시절에는 해발 2000m 지점에 베이스캠프가 꾸려졌다. 따라서 그 지점부터 정상에 오르려면 엄청난 고난을 극복해야만 했다. 그러나 1990년대 중반 이후부터는 6000m, 7000m 지점에도 캠프 설치가 가능해졌다. 현재 에베레스트 베이스캠프(Everest Base Camp)는 에베레스트 산 등반을 위한 기지가 되는 주된 캠프이다. 일반적으로 네팔에 있는 남쪽 베이스캠프(해발 5364m) 또는 티베트의 북쪽 베이스캠프(해발 5150m)를 의미한다.

에베레스트 정복자들이 늘어난 이유는 베이스캠프를 기반으로 현대화된 장비들을 그곳에 가져다 놓고, 그 위쪽에 눈보라 방어와 고산 적응을 위하여 캠프 1, 2, 3, 4 등을 추가로 설치하기 때문이다. 캠프 2에서 캠프 3, 4로 이동하며 기상 상황도 함께 고려하여 효율적으로 등반한다. 다시 거기서부터 정상 정복의 여정을 시작하는 것이다. 따라서 정상까지 2000m 정도만 올라갔다 오면 정복이 되는 상황으로 바뀐 것이다. 즉 캠프 위치의 고도화와 산악 장비의 과학화 및 음식료품 등 제반 환경의 베이스 인프라가 상향된 것이다.

그러다 보니 이제는 정상 정복이 흔한 일이 되었다. 『뉴욕타임스(NYT)』는 2019년 5월 26일 자에서 에베레스트 정상의 진풍경을 소개했다. 탁구대 두 개 정도 남짓한 정상에는 15~20명의 사람이 빽빽이 몰려 서로 밀치며 셀카 찍기에 바쁜 정상의 상황을 보도하였다. 그 아래는 정상 등반을 기다리는 산악인들의 줄이 300m 넘게 이어진다. 정상에서 셀카족들이 시간을 끄는 사이, 밑에서 대기하던 이들의 산소통은 점점 비어가는 상황도 발생한다.

이러한 '인간체증'으로 에베레스트 정상 부근 '데스 존'에서 숨지는 일이 속출하고 있다고 한다. 우리의 인생을 압축해 놓은 것 같은 웃기면서도 슬픈 정상의 현실이다. 이전 시대에 힐러리 경처럼 목숨을 건 힘든 '정상 정복의 영광'이 '줄 서서 셀카 찍기' 경쟁의 시대로 전환된 것이다.

〈등산객이 장사진을 이루고 있는 에베레스트 정상 모습〉

이제는 100세까지 생존하기 위한 위험 요소가 많이 제거되었다. 정기적인 건강검진과 의료과학으로 자기관리만 추가된다면 그 이상을 넘볼 수 있는 상황이다. '100세 정상'에 20세기에는 소수 몇 명만이 도달하였으나 오늘날 에베레스트 정상의 긴 줄처럼 앞으로는 '100세 축하잔치'가 흔한 일이 될 것이다. 하버드대 교수인 데이비드 싱클레어(David A. Sinclair) 박사의 『노화의 종말』에서는 인간의 기대수명이 앞으로 120세나 150세 정도가 될 것으로 예상한다. 특히 박사는 삶을 연장하는 것과 함께 활력 연장의 시대가 오고 있다고 강조한다.

앞으로 인류의 100세 시대 장수가 보편화 되면 인생 2막 기간이 1막에서 일반적인 직장생활 30년 정도 일자리와 함께한 시간보다 길게 되었다. 따라서 2막의 긴 시간 동안 우리는 '즐거운 현역'이 되어야 한다. 앞으로 언급될 이야기이지만 '현역'이라 하여 기존처럼 월급을 받는 개념보다는 '보람된 일거리를 가지고 활동한다'는 개념이다. 따라서 '즐거운 현역'이 되기 위해서는 여유로운 '경제력(財力)', 주변과 재미있게 공존할 수 있는 '사회력(協力)', 건강한 체력과 함께 정신력을 지닌 '건강력(體力)'이 준비되어야 한다. 인생 2막에서 '즐거운 평생현역'이 강조되는 이유는 빈곤, 외로움, 질병이라는 '두려운 독수리 3형제'를 한 방에 멋지게 물리치는 방책이기 때문이다.

2) '보람된 일거리와 즐거운 활동'은 인생 최고의 병법

동서고금을 통틀어 가장 많은 리더가 읽은 전쟁론의 고전은 『손자병법』이다. 기원전 6세기경 중국 춘추 시대 제나라의 병법가 손자(孫子, 본명 손무)는 『손자병법』에서 "진정한 고수는 전쟁을 피하는 것이다."라고 하였다. 싸우지 않고 이기는 것이 최상의 전략인 것이다. 그래서 전쟁을 부정하거나 반대하지 않고, 잘 대비하고 관찰하여 끝까지 살아남는 자가 강자인 것이다. 오늘날 5060 세대에게 많은 맞춤형 통찰력을 주는 명언이다. 이를 한마디로 바꾸면 '은퇴를 피하고, 평생현역으로 끝까지 즐겁게 일을 하며 활동하는 것'이 인생 최고의 방책이다.

그러면 은퇴, 퇴직 그리고 '일'이란 우리에게 무엇인가? '은퇴'의 사전적 의미는 "맡은 바 직임에서 물러나거나 사회활동에서 손을 떼고 한가로이 지냄"이고, '퇴직'은 "해고·정년 및 사직 등 근로계약의 종료 사유를 통틀어 말하는 것"으로 비자발적 의미가 있다. 뉴스를 살펴보면 우리나라 임금 근로자들은 평균 49.3세에 퇴직하고 절반 가까이가 정년 이전에 비자발적인 조기 퇴직을 한다고 한다. 이러한 조사 결과가 '퇴직의 비자발성'

에 대한 현실을 말해준다.

'일'은 직업이라는 의미로, 기존에는 생계 유지와 경제적 안정, 사회적 지위 등을 이룰 수 있고 사회활동에 참여함으로써 소속감을 느낄 수 있다는 경제적, 사회적 의미가 강했다. 즉 '일=직업'이라는 다소 한정된 개념이었다. 그러나 요즘에는 '일'이 전통적인 개념 이외에도 움직이게 할 거리, 취미와 봉사활동 및 자아실현 등 정신적 욕구 충족이라는 새로운 역할까지도 포함하고 있다.

즉 '일=활동'이라는 확장된 개념으로 새롭게 전환되어, 인간이 살아가는 과정에서 '행동하는 모든 활동'을 뜻한다. 그래서 인생 2막에서 우리는 더욱 의미 있는 '일'을 찾도록 노력하여야 한다. '일=활동'이라는 개념과 관련하여, 오늘날 인생 2막에서는 전통적인 '9 to 6' 근무 공식에 의한 '직장인 일자리' 개념에서 벗어나 봉사활동, 여행 등을 포함하여 '활동할 수 있는 일거리'와 더불어 '즐겁게 평생현역'으로 살아간다는 마음 자세가 핵심이다. 즉 '보람된 일거리를 가지고 즐겁게 활동한다'는 것이 '즐거운 평생현역'이다.

현실적으로 퇴직자에게 '열심히 달려오며 고생하였으니, 인생 2막을 즐겁게 지내세요.'라는 멘트가 현실에서는 귀가 들어오지 않을 수도 있다. 오히려 자녀 결혼과 남은 인생을 생각하면 불안하고 우울해진다. 더구나 퇴직이 은퇴나 다름없다면 퇴직자에게 건강과 사회력 약화, 소득 소멸은 그야말로 두려움의 덩어리이다.

따라서 행복하고 즐거운 100세 시대를 맞이하기 위해서는 인생 2막 노후 생활을 관통하는 단어는 여유로운 '경제력', 주변과 더불어 지내는 '사회력' 그리고 '건강력'이 바탕이 되어야 한다고 다시 한번 강조하고 싶다. 퇴직자에게 소득 소멸, 사회력과 건강력 약화는 '빈곤, 외로움 그리고 질병'으로 이어지는 '두려운 독수리 3형제'이다. 이들을 한꺼번에 해결하는 도랑 치고 가재 잡는 소위 '1타 3피'의 전략이 바로 '즐거운 평생현역'이다. 그래서 100세 시대, 호모 헌드레드 인류에게는 현실적으로 인생 2막에서 일자리보다는 일거리가 더욱 부각되는 현실이다.

필자가 보기에 인생 2막에서 일자리 또는 일거리가 오색 무지개처럼 거창한 것은 없다. 단지 조각구름처럼 떠 있을 뿐이다.

따라서 조각구름과 함께 자존감을 가지고 즐겁게 일을 하기 위해서는 여러(n) 개의 조각구름들을 만들어 놓아야 재미있지 않을까 한다. 어느 구름에서 설레는 보슬비를 내려줄지 모르는 것이기 때문이다. 인생 2막에서 '설렘거리'가 많다는 것은 삶이 그만큼 풍요롭고 다채롭다는 것이다.

인생 2막에서는 자신의 특성에 맞는 '소일거리'를 발굴하거나 괜찮은 '생계형' 일자리든 여러(n) 개의 활동할 수 있는 구름 덩어리가 많아야 한다. 그래야 흥미와 건강력이 증진되어 좀 더 액티비티(Activity) 한 2막이 된다.

'마음 챙김의 어머니'로 일컬어지는 하버드대학교 심리학과 교수인 엘렌 랭어(Ellen Langer)의 『늙는다는 착각』에서 소개된 사례는 인생 2막에서 '조각구름 같은 일거리'에 대한 가치관 정립에 많은 통찰력을 준다. 노동에 따른 칼로리 표가 적힌 호텔 방청소 노동자(피실험자)들은 표를 받지 못한 노동자(대조군)에 비하여 군살이 빠지고 이전보다 건강해졌다는 것이다. 그동안 늘상 하던 일처럼 '노동'으로 힘들게 인식하며 하느냐, '운동'처럼 즐겁게 일을 하느냐가 노후에 건강력과 사회력 증진에 큰 기준점이 된다는 사실이다.

  많은 심리학자의 의견처럼 노년에는 치매나 하드웨어적 건강
을 위해서도 나이가 들수록 '즐겁게 다양한 일거리 경험'을 하
는 것이 중요하다. '인생 2막의 불편함과 올드(old) 함은 없다,
단지 꼬리표가 있을 뿐이다.' 생각하며 좀 더 적극적이고 긍정
적인 사고를 가질 필요가 있다. 결론은 엘렌 랭어가 강조한 것
처럼 '늙는다는 착각'에서 벗어나 '주체적으로 흥미롭고 재미있
게 일을 하는 것'이다. 즉 『늙는다는 착각』에서 소개된 사례처럼
'보람된 일거리와 즐거운 활동'은 나의 마음 자세에 있지 않나
생각된다.

3) 나눔과 베풂의 미학을 지닌 2막의 즐거운 현역

인생 2막에서 오래가고 높이 날 수 있는 '즐거운 현역'이 되기 위해서는 나눔과 베풂의 미학을 바탕으로 활동하는 마음 자세가 필요하다. "가난하다고 다 인색한 것은 아니고, 부자라고 모두 후하지는 않다. 후함으로 삶이 풍성해지고, 인색함으로 삶이 궁색해 보인다." 박경리 선생의 유고시집 『버리고 갈 것만 남아서 참 홀가분하다』 속 '사람의 됨됨이'라는 글의 일부에서 잘 표현된 생전 지론이다. 오늘날 우리에게도 큰 울림을 주는 메시지다.

우리 시대의 거목 박경리 작가가 강조한 후덕함을 음미하여 보았으나 나눔과 베풂의 미덕은 종교의 공통분모이다. '네 이웃을 사랑하라'는 예수님의 가르침과 관련하여 보면 더욱 명확해진다. 이웃의 힘들고 불쌍한 사람에게 베푸는 것이 기본이다. 성경은 이웃과 나눔을 강조한다. 신에 대한 헌신과 나눔은 결국 이웃과 주변 사람에 대한 나눔과 베풂으로 치환되는 것이다. 특히 예수님은 '원수를 사랑하라'는 가르침을 통해 모든 사람에게 사랑과 은혜를 강조하며 성경이 세계적인 보편성을 가질 수

있다 한다. 그런 점에서 주변에 베풀고 사랑하는 힘의 위대함을
알 수 있다.

  불교에서도 보살의 실천 수행덕목인 육바라밀 가운데 첫 번째
가 보시(조건 없이 기꺼이 주는 것)다. 또한 복혜쌍수(福慧雙修)를 강조
한다. 즉, 복을 지으면서 더불어 지혜도 닦아 나가는 것이다. 복
덕을 무시한 채 오로지 기도만 하거나 정진만 하는 것은 기복
신앙과 같은 것으로 요행의 운만 바라는 것으로 여겼다. 그래서
옛 스님들도 공부에 진전이 없으면 복을 짓는다고 하면서 사찰
에서 밥 짓는 일을 하는 고생 많은 '공양주 소임'을 자청했다고
한다. 또한 명리학에서도 운명을 바꾸기 위한 개운법 중 하나가
베풀고 덕을 쌓는 것이다.

  공자는 "천재불용(天才不用)"이라 하여 덕 없이 머리만 좋은
사람은 소용이 없다고 했다. 우리가 사는 세상이 온갖 모순과
부조리가 문제되는 것은 지식이 부족해서가 아니라 덕이 모자
라기 때문이다. 아무튼 '재주보다 덕이 우선되어야 한다.'라는
소박한 진리의 경구이다.

이처럼 나눔과 베풂의 미덕은 우리에게 매우 중요한 가치이다. 따라서 인생 2막에서는 그동안 치열한 삶의 현장을 반추하며 좀 더 의미 있고 가치 있는 삶을 다지기 위하여 미덕은 더욱 유의미한 가치이다. 그동안 1막에서 열심히 지혜와 야망을 좇았다면 이제는 이웃을 사랑하며 늘 미학을 바탕으로 복혜쌍수를 완수할 시기이다.

1막에서 주로 외적 영역(부와 명예 등)에 치중하였다면 2막에서는 내적 영역의 성장을 위해서 재능기부와 미덕을 쌓는 일에 좀 더 치중해야 한다. 이러한 양 날개를 바탕으로 더 높이 멀리 날 수 있는 것이다. 나눔과 베풂의 미학은 2막과 함께 우리의 삶 전체를 풍성하게 만드는 알파와 오메가다. 노년에 아껴야 할 것은 시간, 돈, 생각이다. 그러나 역설적으로 생각을 여유롭게 갖고 베풀고 미덕을 쌓으면서 살아가면 거꾸로 돈과 재능 그리고 생각이 많이 여유로워지는 선순환 삶이 된다.

이처럼 삶이 풍성해지고 여유가 있는 보람된 삶을 통하여 결국 우리는 웰다잉(well-dying)을 맞이할 수 있다. 웰다잉은 웰빙(well-being)의 또 다른 이름이다. 잘 죽기 위해서는 우선 잘 살아야 한다. 잘 살아야만 잘 죽을 수 있다. '이 정도면 원 없이 잘 산 인생'이라며 후회가 없어야 삶을 잘 마무리할 수 있다. 성현들은 "나이 들수록 자신에게 잘하라"고 강조하였다. 이 말도 결국은 명예와 돈 많은 노인이 되라는 것이 아니고 나눔과 베풂의 미덕을 지닌 멋진 노인이 되라는 의미 같다. 따라서 나눔과 베풂의 미덕을 바탕으로 자신의 질량 그레이드를 성숙화시키고 멋져지면 자연스럽게 유유상종하여 그런 멋진 사람들을 주변에서 소개받거나 우연이라도 만나게 된다.

그렇다면 어떻게 나눔과 덕행을 쌓을 수 있을까? 여기 소소한 일상에서 그 사례를 살펴보자. 신이 내린 야구선수라 칭송되는 일본인 '오타니 쇼헤이'는 2023년 LA 에인절스 팀 내 성적 1위를 그의 이름으로 도배하고 있다. 한국 야구 팬들도 2023 월드 베이스볼클래식(WBC)에서 한국 야구에 쓴맛을 알려준 일본 야구선수임에도 열렬히 그를 응원한다.

그 이유는 무엇일까? 바로 야구를 향한 진심과 따뜻한 인성 덕이다. 그는 '그라운드에서 쓰레기를 줍는 야구선수'로 알려졌을 정도다. 그 이유를 질문하니 "남이 버린 운을 자신이 줍는다."라고 했다는 것이다. 고등학생 시절이던 2010년부터 자신의 인생을 위한 인생 계획표를 만들어 충실하게 실천하고 있다. 그 계획표의 '운 항목'에서는 그의 야구에 대한 자세를 알 수 있다.

'1번 인사하기, 2번 쓰레기 줍기, 3번 야구부실 청소, 4번 물건을 소중히 쓰는 것, 5번 심판에게 공손하게 대하기, 6번 긍정적 사고, 7번 나는 응원 받는 사람, 8번 책 읽는 것'은 그가 프로에 입문하고도 실천하는 항목들이다. 이처럼 미덕을 쌓는 방법은 소소하지만 쓰레기 줍기 이외에도 이웃 노인 돕기, 노래봉사, 무료 급식소 돕기, 재능기부 등 다양한 방법이 있다.

경주 최부잣집이 지켜왔던 '노블레스 오블리주' 정신처럼 조상이 쌓아 둔 덕행을 바탕으로 후손들이 좋은 복과 기회를 갖는 것을 음덕(蔭德)이라 했다. 또한 "거울은 혼자 웃지 않는다."라는 말이 있듯이 주변에 나눔과 미덕을 쌓으면 복이 굴러오지 않을까 한다. 사람은 더불어 함께하는 사회적 동물이다. 더불어 산다는 것은 소외되고 가난한 사람, 불편한 사람까지도 함께해야 한다는 것이다.

'내가 내 것을 주었다'는 생각조차도 버릴 정도로 조건 없이 베푸는 마음 자세가 필요하다. 그럴 때 적선(積善)이고 선업(善業)이 실현되는 것이다. 그럼에도 불구하고 노년에 적선을 어렵게 생각하는 경우도 있다. 물질적이든 정신적으로 부유한 자는 더욱 마음 자세를 잘 관찰(Watching)해야 한다. "낙타가 바늘 구멍을 통과하는 것이 부자가 하늘나라에 가는 것보다 쉽다"는 성경 구절을 반면교사로 삼아 인생 2막은 덕행을 더 쌓고 나눔을 실천하는 활동이 동반돼야 한다.

나의 삶이 힘들고 고단한데 '어떻게 남을 돕고 베푸나?' 하고 반문을 던질 수 있다. 정말 내가 곤궁하여 나눔과 덕을 베푸는 일이 쉽지 않을 수 있다. 그러나 베풂을 실천하는 행동에는 물질적인 것 이외에도 간단한 칭찬이나 다정한 배려가 상대에게 큰 힘이 될 수도 있다. 특히 자신이 어떤 환경에서도 감사한 마음을 가지고 주변을 편하게 대해 주는 것도 큰 베풂이고 미덕을 쌓는 행동이다. '네빌 고다드'가 『5일간의 강의』에서 "나에 대한 관념이 나의 모든 것을 결정한다"고 강조한 것처럼 우리는 자신을 긍정하며 미덕이 충만한 사람으로 인생 2막을 살아가야 한다.

그래서 명리학에서도 '전생의 수행성적표'라는 '운명'도 적선으로 좋게 개운할 수 있다고 하니 모두가 실천하기는 어렵겠지만 대단한 비책인 것 같다. 많은 성현과 주역(周易)에서 강조한 "적선지가 필유여경(積善之家 必有餘慶, 선한 일을 많이 한 집안에는 반드시 경사가 넘쳐난다)"을 새기며 인생 2막을 주변에 복 짓는 마음과 겸손한 자세로 주변을 살펴보아야 한다. 성경 시편에도 비슷한 구절이 있다.

또한 "한 손은 너 자신을 돕기 위한 것이고, 다른 한 손은 다른 사람을 돕기 위해 존재하는 것이다." 이 명언은 미국 작가 샘 레븐슨의 시문이자, 은퇴 이후 유니세프 봉사활동에 헌신한 영화배우 오드리 헵번의 마지막 말이기도 하다. 이처럼 종교와 귀천을 떠나서 강조한 나눔과 베풂의 미덕을 많이 쌓을수록 결국 자신에게도 잘하게 되어 진정 타인을 사랑하고 베푸는 것을 더 잘할 수 있는 선순환이 된다. 이 책을 읽는 많은 분이 미덕이라는 주춧돌을 바탕으로 '인생 2막 꿈(Dream)'을 멋지게 펼치며 항해하길 제안(Proposal)한다.

2

매슬로의 인간욕구와 즐거운 평생현역

1) 매슬로의 인간욕구와 애벌레의 꿈

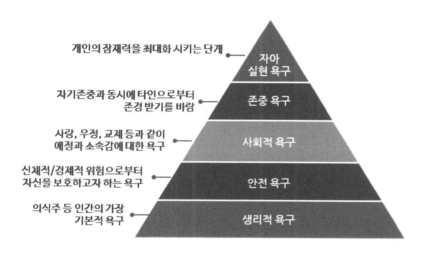

'즐거운 평생현역'이 되기 위해서 먼저 인생 2막에 도달하기까지의 일반적인 여정을 살펴보자. 인간의 욕구는 많은 경쟁 속에서 생존하려는 생존 욕구부터 시작하여 자아실현 욕구에 이르기까지 끝이 없으며 각양각색으로 표출된다. 이와 같은 인간의 욕구는 미국의 유명한 심리학자 에이브러햄 매슬로(Abraham

Maslow)에 의해 '인간욕구 5단계'가 제시되었다. 생리적 욕구, 안전 욕구, 사회적 욕구, 존중 욕구, 자아실현 욕구가 그것이다. 먼저 가장 하위 단계부터 만족하고 나면 위 단계로 이동하게 된다는 것이다. 즉 이들 욕구는 병렬적이지 않고 상향적으로 발전해 나간다는 모형의 학설이다. 그는 말년에 6단계 상위의 '자기초월(Self-transcendence) 욕구'를 강조하기도 하였다.

이를 바탕으로 직장생활 성장단계나 인생 2막의 자아실현 욕구, 자기초월 욕구를 설명할 수 있다. 즉 청년 시절 직장은 우리에게 일단 생계수단(생리적 욕구)과 여러 안전장치(안전 욕구)를 제공한다. 시간이 지나서 어느 정도 중간 관리자 위치가 되면 직장에 소속감과 애정을 가지는 '사회적 욕구'와 함께 성취감 그리고 '존중 욕구'를 갖게 된다.

더 진전되어 마지막 단계는 꿈과 자아실현의 공간이기도 하다. 인생 100세 시대의 관점에서 이런 여러 단계의 진화를 살펴보며 은퇴 전후 50~60대 인생 2막의 삶을 어떻게 관통하며 살아야 보람된 인생인지 알아볼 필요가 있다.

2) 2막의 존재 이유(why)와 무엇을 하며 지낼 것인지(what)

린다 그래튼(Lynda Gratton) 교수는 저서 『100세 인생』에서 100세 시대 도래를 강조하며, 그동안 우리의 인생은 교육, 취업, 은퇴라는 3단계 삶을 살았지만, 100세 시대에는 다단계 삶을 살 수밖에 없다고 말한다. 그래서 100세 인생에서는 전통적 가치인 유형자산(부동산, 금융자산 등) 외에도 무형자산(지적생산 자산, 활력 자산, 변화 능력)이 필요하다고 강조한다.

100m 출발을 향해 출발선은 비슷하게 시작해도 멈추는 지점은 다를 수 있다. 그러므로 그 100m를 어떤 자세와 마음을 가지고 즐겁게 갈지 고민해야 된다. 우리는 직장생활 등 생활 전선에서 애벌레처럼 무작정 꿈틀거리며 주야장천 기어갈 수만은 없는 것이다. 그러면 50대에 퇴직하여 남은 50년을 어떻게(why) 존재하며, 무엇(what)을 하며 지낼 것인지를 새롭게 재정립하여야 한다. 인생 2막에서는 고치처럼 숙련의 기간과 즐거움이 함께하기 위해서는 린다 그래튼 교수의 '무형자산'이 더욱 필요한 시기이다. 그래서 자아실현과 자기 초월의 나비가 되는 꿈을 꾸어야 한다.

3) 똑같이 주어진 2막 이후 삶은 평등하지 않다

모든 애벌레가 나비가 되는 것은 아니다. 생태계에서 애벌레가 아름다운 자태로 하늘을 날아다니는 나비로 성장할 확률은 1%라고 한다. 더구나 애벌레의 흉측한 모양에서 나비를 상상하는 것은 쉽지 않다. 설령 나비가 되어도 이제 각자는 나비가 되어 어떻게 그 꿈을 펼칠지 가족과 소통하고, 무엇보다 내면의 목소리와도 즐겁게 대화해야 한다.

자신이 목표한 인생의 꼭대기에 오르려면 기어서는 도달할 수 없다. 배추흰나비, 남방노랑나비, 호랑나비, 제비나비 등 각자의 성향과 환경에 맞는 나비가 되어야 한다. 환경에 맞는 각양각색의 나비가 되기 위해서는 고치의 기간도 필요하고, 나비의 사명의식도 갖추어야 한다. 그때 비로소 진정한 나비가 되어 날 수 있는 것이다.

인생 2막에서 그동안 생존을 위해 위장을 하고 설령 어렵게 나비가 되어도 이 나비에게는 '잘할 수 있는 일'과 '좋아하는 일' 두 명제에 맞닥뜨린다. 두 명제를 다 갖고 있으면 무관하지만 하나를 선택해야 하는 상황에서는 고민이다. '잘할 수 있는 일'은 계속하면 그 일을 편안하게 할 수 있다. 그러나 '좋아하는 일'을 계속한다 하여 그 일을 잘하게 될지는 의문이다.

이 두 명제에서 아시는 것처럼 음악을 좋아하는 것과 잘하는 것은 다르다. 그래서 부모나 진로 지도교사는 '잘할 수 있는 일'은 인생 1막에서 전공을 살려 수익을 창출하는 직장생활에 활용하도록 지도한다. 그러나 이제 인생 2막에서는 돈벌이가 시원치 않아도 자신이 '좋아하는 일'을 즐겁게 하는 것이 중요하다.

잭 웰치는 "내가 정말로 좋아하는 일을 하고 있는지 매일 아침 거울 테스트(mirror test)를 해보세요. 돈은 부차적인 것입니다. 좋아하는 일을 미친 듯이 하다 보면 돈은 저절로 따라옵니다."라고 이야기했다. 워런 버핏도 "좋아하는 일을 해라. 그러면 아침에 침대를 박차고 나올 것이다. 경력에 도움이 된다고 생각해서 좋아하지 않는 일을 계속하는 것은 바보 같은 짓이다. 나이 들어 할 생각으로 사랑을 아껴두는 것과 비슷한 짓 아닌가?"라고 했다. 현인들이 이처럼 직업 선택의 중요한 기준이 돈이 아닌 '좋아하는 일'이 우선임을 강조하고 있다.

그러나 현실에서 좋아하는 일도 창출되는 소득이 높으면 경쟁이 세고, 경쟁이 약하면 소득이 적은 것은 당연한 사회현상이다. 그래서 인생 2막에서는 경쟁 강도와 소득 정도가 높지 않으면서 자신이 좋아하는 '절충형 일거리'를 찾는 것도 하나의 방편이다.

4) 명사형보다 동사형 꿈을 가진 나비가 되어보자

인생 2막의 대부분 사람들이 그냥 매일 매일에 충실하고 가끔 은 허둥대면서 살았더니 여기까지 왔다고 느낄 것이다. 이렇게 진부한 하루를 차곡차곡 살다 이제 와서 돌아보니 그 삶이 허망 하기도 하고 그래도 열심히 살아왔다는 것을 깨달을 것이다.

설령 원하는 모든 것 을 '더 시크릿(The Se-cret)'을 통하여 얻었을 지라도 명사형 꿈은 대 부분 자신의 욕망이 아 니다. 타인의 욕망에 맞추어져 있어 궁극에 는 허탈해하는 경우가 많다. 예를 들면 의사, 변호사, 공무원 등 이다. 반면에 동사형 꿈이란 '누군가를 도와주는 일을 하고 싶 다.' 혹은 '사람을 돌보는 일을 하고 싶다.' 또는 '코치가 되어서 사람들의 꿈을 찾는 일을 도와주고 싶다.' 등이다. 그래서 2막에 는 '동사형 꿈을 가진 나비'가 되어 꿈을 이루는 과정 동안에도

설레고, 꿈을 실현하면서 행복을 느끼는 나비가 되길 바란다.

인생 2막의 출발점에서는 소소한 목표와 꿈일지라도 부담스럽게 다가올 것이다. 그래서 인생 1막에서 추구하여 온 의사, 변호사, 교사, 자산가 등 '명사 추구형' 삶에서 벗어나 인생 2막에서는 남을 치료해 주는 사람처럼 '동사 추구형' 나비의 삶으로 빨리 라이프 대전환(pivoting, 피봇팅)이 이루어져야 한다. 빠른 속도로 변화하는 외부 환경에 따라 기존 사업 아이템을 바탕으로 사업의 방향을 다른 쪽으로 전환하는 피봇팅처럼 말이다. 인생 2막에는 그동안 삶을 바탕으로 '동사 추구형'의 소소한 즐거움을 느끼는 나비로 의식 전환이 이루어져야 한다.

이를 좀 더 살펴보면 '명사형 꿈'은 어떤 직업의 사람이 되고 싶다는 구체적인 세분류적 개념이다. 또한 '동사형 꿈'은 어떤 일을 하고 싶은 사람이 되고자 하는 포괄적 개념이다. 최근 탈 중심 사회에서는 중앙 집중형이 아닌 유튜브처럼 퍼스널 브랜딩을 통한 네트워킹(networking)으로 '동사형 슈퍼 개인'이 탄생하고 있다. 더구나 명사는 정지되어 있지만, 동사는 N개로 변환되며 생동감 있게 움직이기 때문에 일자리가 부각되는 2막의 노마드 시대에 더 적합한 것이다. 즉 일자리는 명사형, 일거리는 동사형의 꿈과 상응하는 단어이다.

즉 가르치고 남을 돕고자 하는 '동사 추구형' 꿈은 교수가 되지 못해도 학원 강사, 초·중·고 교사 또는 유튜버가 되어서도 그 꿈을 실현할 수 있다. 이때 중요한 사실은 명사 추구형 교수를 꿈꾼 사람이 학원 강사가 되었다면 자괴감과 우울감으로 실패감을 느끼겠지만, 동사 추구형인 경우는 그 일을 즐겁게 할 수 있다. 이것이 동사 추구형 삶의 행복이다. 인생 2막에 생각할 사항이다.

동사 추구형으로 '가르치고 남을 돕고자 하는 사람'이 교수나 교사가 되지 못하면 남들 가르치거나 코칭할 수 없는 것은 아니다. 요즘은 코미디언, 운동선수 등 해당 분야에서 탑을 찍은 사람을 강사로 모시는 분위기다. 살펴보면 원래 피아노 학원 원장으로 시작한 김미경 강사는 국민 멘토 스타덤에 오르며 약 172만 명의 구독자를 보유한 MKTV 김미경TV의 대표이며 유튜브 크리에이터(YouTube Creator)로 활동 중이다.

개그콘서트 폐지 이후 코미디언 3명이 결성하여 약 215만 명의 구독자를 보유한 유튜브 피식대학(Psick Univ)은 남다른 디테일과 확장된 세계관으로 이목을 집중시켰다. 웃음을 통한 지친 삶에 힐링을 주고자 하는 진정성 있는 동사형 꿈이 이루어진 것이다.

그래서 요즘은 어디까지가 코칭이고 철학 강의이며 개그인지 구분이 모호하다. 소위 그들 세계에서 나름 인플루언서로 동사형 꿈을 이룬 사람들이다. 아파트 산책로나 하천 주변에서 쓰레기를 주우며 조깅하는 플로깅[Plogging, 스웨덴어 줍다(plocka up)와 영어 달리기(jogging)의 합성어] 도전도 의미 있는 일이다. 이러한 '줍깅'은 건강과 환경을 한꺼번에 챙길 수 있는 사회적 챌린지와 ESG(환경·사회·지배 구조) 캠페인에도 참여하는 의미 있는 '동사형 꿈 실현'의 하나이다.

3

'100세 시대' 신인류의 출현과 역설

1) 100세 시대, 신인류의 등장

미국 외교의 '살아있는 전설'이며, 50여 년 전 극비리에 중국을 방문해 미·중 수교 초석을 놓은, 올해로 100세를 맞은 헨리 키신저 전 미국 국무장관이 2023년 7월 시진핑 중국 국가주석을 만났다. 은퇴 나이를 훨씬 넘긴 나이임에도 그가 던지는 한마디에 많은 사람이 주목했다.

미국 네브래스카 주 오마하에서 2023년 5월 열린 세계 최대 투자회사 버크셔해서웨이 연례주주총회에 4만여 명이 운집하였다. 총회에는 '세계에서 가장 존경받는 부자' 93세의 워런 버핏 회장과 시니컬한 농담이 매력적인 99세인 찰리 멍거 부회장이 참여해 그들의 여전한 존재감을 자랑했다. 100세 장수 시대를 맞아 정년의 개념 자체가 무의미해지며 노익장(老益壯)을 당당하게 과시하는 이들의 모습은 삶의 현장이다.

의료과학의 발달 등으로 인류가 100세 장수 시대에 접어들었음을 알리는 '호모 헌드레드(Homo-hundred)'라는 단어가 2009년 유엔(UN) '세계인구 고령화' 보고서에서 처음 언급되었다. 당시만 하여도 일부 보험사 등 마케팅 차원에서 과하게 부각시킨다고 생각하였으나 2023년 현재 '호모 헌드레드' 인류는 우리와 더욱 친밀하고 가까운 단어가 된 것 같다. 린다 그래튼 교수의 『100세 인생(저주가 아닌 선물), 2017년 발행』을 보면 "오늘 태어난 한국인 대다수의 기대 여명은 107세가 넘고, 현재 50세 미만인 사람들은 100세 이상 살게 될 가능성이 매우 크다"는 것이다. 또한 "선진국에서 태어난 아이는 105세까지 살 수 있는 확률이 50%를 넘는다"는 것이다. 우리 주변에 보면 이제 90대 할머니, 할아버지들이 많다. 특히 그분들이 다소 불편한 부분이 있지만 쇠약하지 않고 혼자서도 잘 거동한다는 것이다. 2000년대 이전에는 '100세 인생'이라는 생소한 수치가 이제는 통계와 함께 신인류의 모습으로 우리에게 성큼 다가와 있다.

또한 『노화의 종말』의 저자 싱클레어(David A. Sinclair)는 인간의 기대수명이 향후 120세나 150세 정도가 될 것으로 예상한다. 많은 은퇴자가 보수적으로 90세, 100세를 장수 계획으로 수립했다면 이제 은퇴 계획을 다시 설계해야 할 수도 있다. 의료과학의 발전 등으로 기존 기대수명보다 길어진 상황에서 '100세 시대' 신인류가 지니는 불편한 현실과 독설들을 살펴 보자.

2) 기대수명, 건강수명 그리고 수명연장 보고서

'2023 OECD 보건통계(보건복지부 2023.7.25. 발표)'에 의하면 2021년 한국 국민의 기대수명은 83.6년(남성 80.6세, 여성 86.6세)으로 예측됐다. 한국의 기대수명은 OECD 1위인 일본의 84.5년 다음이며, OECD 국가 평균 80.3년보다 3.3년이 길다. 통계청 자료에 의하면 2020년 기준 질병과 부상으로 고통받은 유병 기간을 제외한 '건강수명'은 66.3년 정도이다. 한국 국민은 기대수명 83.6년에서 약 17년은 이런저런 병과 함께 고생하고 있다는 뜻이다.

기대수명의 증가와 함께 '100세 시대'의 행복한 삶을 위한 필수조건으로 대표되는 '건강수명'에 관심을 갖는 사람이 많아지고 있다.

또한 '통계로 보는 사회보장 2020(보건복지부 2021.6.29. 발표)'에 따르면 노인 빈곤율은 OECD 국가에서 가장 높은 1위이며, 65세 이상 노인 인구에서 소득이 중위소득의 50%(상대빈곤선) 이하인 비율은 43.2%로 미국 23.1%, 일본 20.0%보다 높다.

노인 빈곤 해결에 가장 중요한 것은 국민연금, 개인연금 등을 층층이 쌓는 것이라고 전문가들은 충고하지만, 국민연금 1인당 월 수급액이 56만 원 수준으로, 현실 상황이 녹록지 않아 결국엔 노인 일자리를 찾을 수밖에 없다. 한국경제연구원에 따르면 65~74세의 재취업률은 24.1%로 청·장년의 절반 수준이며, 65~74세의 1년 내 정규직 재취업률은 4.3%에 불과하다.

또한 통계청 '2022 고령자 통계' 발표에 따르면 2022년 기준 65세 이상 고령 인구는 901만 명으로 집계되어 한국은 고령 인구가 연평균 4.4%(29만 명) 증가하였다. 이는 OECD 평균(2.6%)의 1.7배로 세계에서 가장 빠른 상황이다. 특히 통계청은 2025년 고령자 비중이 20%를 넘고, 2040년 34%, 2050년 40%를 넘을 것으로 전망한다. 전체 인구에서 고령 인구가 14% 비중에서 20%를 초과하면 초고령사회 진입으로 판단한다. 즉 전체 인구의 5명 중 1명이 65세 이상이면 초고령사회인 것이다.

고령사회에서 초고령사회 도달 연수가 한국은 불과 7년으로 세계에서 제일 빠르다. 초고령사회 도달 연수는 일본 10년, 미국 15년, 영국 50년으로 OECD 주요국 중 한국이 가장 기간이 짧다. 이런 현상과 함께 최근 독거노인 비율 증가와 노령층의 사회적 고립도가 심화되는 추세이다. 축복이자 재앙처럼 다가온 100세 장수 시대를 우리는 살게 되었다. 결국 준비된 사람에게는 노익장을 과시하는 축복이지만, 준비 안 된 100세 시대의 득은 독으로 불행이 될 수도 있다. 그래서 어린이집이 사라지고 노인시설이 증가되고 있는 현실이다. 이웃 일본에서는 '노후 파산', '하류 노인' 등이 언론에 회자되고 있다. '피할 수 없으면 즐겨라!'처럼 이제 100세 장수 시대는 피할 수 없는 현실이다. 그렇다면 좀 더 적극적으로 수용하며 활동할 방안들을 모색할 시점이다.

3) 100세 시대, 인생 2막 도전자들

(1) 호서대 설립자 故 강석규 박사의 '어른의 눈물'

호서대 설립자인 故 강석규 박사가 95세 되던 해에 작성한 「어느 95세 어른의 수기」라는 시 같은 글이 있다.

나는 젊었을 때
정말 열심히 일했습니다.
그 결과 나는 실력을 인정받았고 존경을 받았습니다.

그 덕에 65세 때 당당한 은퇴를 할 수 있었죠.
그런 내가 30년 후 95살이 되던 생일 때
얼마나 후회의 눈물을 흘렸는지 모릅니다.

내 65년의 생애는 자랑스럽고 떳떳했지만
이후 30년의 삶은 부끄럽고 후회되고 비통한 삶이었습니다.
나는 퇴직 후 '이제 다 살았다. 남은 인생은 그냥 덤이다.'라는
생각으로 그저 고통 없이 죽기만을 기다렸습니다.

덧없고 희망이 없는 삶….
그런 삶을 무려 30년이나 살았습니다.
30년의 시간은 지금 내 나이 95세로 보면
3분의 1에 해당하는 기나긴 시간입니다.

만일 내가 퇴직할 때
앞으로 30년을 더 살 수 있다고 생각했다면
난 정말 그렇게 살지는 않았을 것입니다.

그때 스스로 늙었다고, 뭔가를 시작하기엔 늦었다고
생각했던 것이 큰 잘못이었습니다.
나는 지금 95살이지만 정신이 또렷합니다.

앞으로 10년, 20년을 더 살지 모릅니다.
이제 나는 하고 싶었던 어학 공부를 시작하려 합니다.

그 이유는 단 한 가지….
10년 후 맞이하게 될 105번째 생일날
95살 때 왜 아무것도 시작하지 않았는지
후회하지 않기 위해서입니다.

이 분은 103세까지 살다가 세상을 떠났다. 강석규 박사가 후세에 전하고자 하는 메시지처럼 인간은 죽을 때까지 평생 학습하며 호기심으로 세상을 바라보고 도전하며 살아야 하겠다.

(2) 인생 2막, 열성 도전자들

먼저, 김형석(104세) 연세대 명예교수는 지금도 현역 때처럼 왕성한 활동을 하는 '100세 시대의 아이콘'이며 '영원한 현역'이다. 한 해 200회 이상의 강연과 신문 칼럼 등을 집필한다. 커널 샌더스는 켄터키 프라이드 치킨(KFC)의 창립자이며, KFC 앞 커다란 할아버지 상으로도 유명하다. 그러나 그는 어린 시절 불우한 가정환경 속에서 자랐으며, 65세에 영업부진으로 운영하던 식당을 폐업한 아픔이 있었다. 낡은 트럭 한 대와 월 105달러의 사회보장금을 가지고 그만의 튀김 조리법으로 승부수를 던졌다. 1009번의 거절 끝에 68세에 1010번째 찾아간 식당에서 첫 계약을 성사시키며, 오늘날 글로벌 기업을 키워냈다.

또한 맥아더(1880년생) 장군이 인천상륙작전을 지휘할 때 나이는 70세였다. 한국의 이승만(1875년생) 대통령은 70세에 귀국하여 73세의 나이에 대한민국의 초대 대통령이 되었다. 괴테가 「파우스트」를 완성한 것은 82세였으며, 92세에 생을 마감한 피카소는 죽기 전까지 그림을 그렸다. 그래서 피카소는 파괴적 혁신과 불굴의 투지를 지닌 예술가로 더욱 존경받는다. 이처럼 우리가 잘 아는 근현대사 인물 중에는 의외로 인생 2막 나이에 열성적인 도전자들이 많다.

그리고 현대 경영학의 창시자 피터 드러커 교수는 베르디가 노령에 희곡 「팔스타프」를 작곡한 열정에 감동받아 65세 이후 96세까지 집필한 책이 전체 저서의 3분의 2를 차지하였다. 생전에 30여 권의 저서 중에서 최고의 책이 무엇이냐는 질문을 받을 때면 언제나 "다음에 나올 책."이라고 대답했다. 정말 존경스럽다. 진짜 끝날 때까지 끝난 것이 아니다.

(3) 활동하는 80대 근로 新세대 '옥토제너리언'이 뜬다

조 바이든 미국 대통령이 금년 81세이며, 86세인 프란치스코 교황 등 최근 80살이 넘은 나이에도 왕성하게 활동하는 80대가 수두룩하며, 이들은 '노익장'을 과시하고 있다. 더구나 일에 대한 그동안의 경험이 바탕이 되어 완성도가 높고, 열정도 젊은 사람들 못지않다. 최근 수명이 길어지면서 80대에도 일을 할 수 있는 활동하는 옥토제너리언(Octogenarian)이 정신력과 체력을 바탕으로 부각되고 있다. 옥토제너리언은 'Octagon 팔각형'처럼 '8'을 의미하는 그리스어 'Oct'를 어원으로 하는 단어로,

'80세가 넘어서도 은퇴하지 않고 일을 하는 80대'를 지칭한다.

80대의 연령층을 생각하면 일반적으로 조용히 여가 생활을 하거나 질병과 싸우며 보낼 나이인데도 불구하고 생업에 종사하며 노익장을 과시하는 옥토제너리언이 많아지고 있다. 이들은 동업계 후배와 자신을 필요로 하는 사람들에게 경험(Expe-rience)과 통찰력에서 발현되는 좋은 지혜를 전수하고 있다.

2024년에 펼쳐질 미국 대선에서 가장 주목받는 단어는 '80'이다. 민주·공화 양당의 유력 후보인 조 바이든(1942년생) 미국 대통령과 도널드 트럼프(1946년생) 전 대통령 중에서 누가 당선되어도 임기 중 80세가 넘는 나이에 대통령직을 수행하기 때문이다. 세계에서 가장 영향력 있는 부자로 활동하는 워런 버핏 버크셔 해서웨이 회장도 금년 93세이다. 아무튼 필자는 옥토제너리언의 '옥토'가 사전적 의미로 영향이 풍부한 좋은 땅[즉, 옥토(沃土)]으로 해석된다. 80대의 선한 영향력을 기대하여 본다.

『월스트리트저널(WSJ)』 등에 의하면 미국에서는 1980년 11만여 명이었던 80세 이상 근로자가 2022년에는 69만여 명으로

42년 사이 6배 넘게 늘었다. 일본도 75세 이상 인구의 2022년 취업률이 11%로 2017년과 비교해 5년 사이 2%포인트나 올랐다. 특히 일본 정부는 2013년부터 ① 65세까지 재고용 ② 65세까지 정년 연장 ③ 정년 폐지의 3가지 방법으로 고령자 고용을 의무화했다. 이에 더해 2021년부터 일본 정부는 「고령자고용안정법」을 시행하여 직원의 취업 기회를 70살까지 보장하도록 노력할 것을 의무화하고 있다.

이처럼 일본은 최근 생애 평생현역을 목표로 정년을 연장하는 기업이 늘고 있다. 우리나라에서도 한국노동연구원 집계에 따르면 80대 고용률이 1982년 2.2%였지만, 10년마다 약 3%포인트씩 증가해 2022년에는 18.7%를 기록했다. 80대 중에서 5명에 한 명꼴로 활동하고 있다는 얘기다. 이제 건강이 받쳐주면 정년이 없는 시대를 맞이하고 있다.

이와 같은 현상은 수명이 기존에 60대 중반에서 80대 중반으로 연장된 것만으로 일하는 80대 증가 요인을 모두 설명할 수는 없다. 이들의 공통점은 근로가 생계를 위한 것도 있지만, 인간에게는 매슬로의 '인간욕구 5단계'에서 말한 '신성한 노동'

이 주는 만족감과 자아실현의 가치가 중요하기 때문이다. 이러한 것이 역설적으로 노후에 부각되는 것을 의미 있게 받아들여야 한다.

'정년이 없는 시대' 현상에서 중요한 것은 60세 정년퇴직이라는 일반적인 제도에 순응하기보다는 즐겁게 활동할 수 있는 일거리와 함께하는 것이다. 80대까지 현역으로 살려면 건강 관리와 평생학습을 통하여 주변과 지속적인 네트워크 관계를 잘 유지해야 한다. 그러나 인생 2막부터 뭐라도 해야 한다는 조급함에 50대 후반인데도 '단순 소일거리'를 찾아 무료함을 달래는 경우가 있다. 이런 경우는 활동에 대한 만족감도 떨어지고, 주변 사람들과 관계에서도 자존감이 저하되어 매사 의욕이 저하된다.

인생 2막 시작에서 여행이나 적절한 취미생활이 없다면 들판에 덩그렇게 홀로 서 있는 느낌일 수 있다. 당장 외롭고 '일자리'가 없다면 '일거리'를 만들어야 '일자리'를 창출할 수 있는 기회가 마련된다. 따라서 다소 늦어도 공조직에서 제공하는 연수나 교육을 활용하여 일거리 기회에 접근할 필요가 있다.

근로 생애가 길어진 만큼 평생학습을 한다는 각오로 배우고 건강 관리를 해야 '즐거운 현역', '보람있는 마이 라이프'가 된다. 그렇지 않으면 나이에 대한 사회적 차별, 개인의 자존감 하락, 건강 상태 쇠퇴 등 다양한 문제에 봉착한다. 나이 들어서도 꾸준히 활동할 수 있다는 것이 멋진 인생 2막의 시발점이며, 주변 상황에 지배되지 않고 삶의 주체가 되는 것이다.

『백 년을 살아보니』에서 올해 103세인 김형석 교수도 "80세까지 일하는 사람은 매우 행복한 사람이다."라고 강조하고 있다. 그는 "65세가 돼서 결심했다. 계속 책 읽고 공부하고 젊게 살겠다고, 65세부터 75세까지 제일 일을 많이 했다. 학교 공부만 공부가 아니다. 독서도 공부다. 직장 일만 일이 아니다. 봉사도 일이고 취미도 일이다."라고 말한다. 인생을 대하는 멋진 철학과 열성이 돋보이는 통찰력이다.

4

'창업 같은 인생 2막', 상황 분석하기

'인생 2막의 시작은 창업과 같다.' 필자가 그동안 학문적 식견으로나 인생 2막 경험자로서 볼 때 인생 2막의 시작은 창업과 같으며, 주식회사 설립과 유사한 측면이 많다. 즉 인생 2막 창업(start-up)은 주식회사처럼 자본금(경제력, Economy), 주주(사회력, Society), 핵심 가치(Tech, Core Value) 그리고 상호(정체성, Personal Branding)가 중요한 설립 전제조건이기 때문이다. 또한 인생 2막의 시작은 기업 창업처럼 콘텐츠가 있어야 성공한다. 특히 '인생 2막(株式會社)'에 담을 지식 가치와 핵심 기술을 지닌 콘텐츠(contents)가 있으면 기업처럼 성장성이 증대된다.

직장에서 밀려 나온 퇴직자와 은퇴자들이 유행처럼 앞다퉈 피자집, 치킨집 등 자영업을 창업하고 망가지던 시절이 있었다. 비정규직보다 적은 수입으로 어쩔 수 없이 현실의 고통을 감내하고 버티다 심신이 지치고 피폐해져 결국 호기롭게 시작한 창업을 접어야 했다. 코로나 이후에는 카페, 커피, 고기집 등과 같은 업종도 증가 추세이다.

그러나 일부 창업자들은 아직도 '창업의 3가지 기본'인 '기술, 업종 경험, 고객'을 잘 모르고 진입하여 금전과 시간적으로 많은 수업료를 지불하거나 실패한다. 고기집을 오픈하려면 2~3년은 현장에서 기술 탐색과 함께 숯불도 피우고, 손등과 발등을 데어보며 고객 특성도 파악해야 하는데, 이런 과정을 생략한 큰 대가이다. 우리의 인생 2막 시작도 유사하다. 2막에 대한 적절한 현황 분석과 이를 바탕으로 2막의 성공적인 시작(start-up) 방안을 마련해야 한다.

따라서 인생 2막 시작은 먼저 자신을 둘러싼 제반 상황을 'SWOT 분석'하여 자신의 현황 파악부터 시작되어야 한다. 'SWOT 분석'은 1960~1970년대 미국 스탠퍼드대학에서 연구 프로젝트를 이끌었던 알버트 험프리(Albert Humphrey)에 의해 고안된 경영전략 분석 도구이다.

'SWOT 분석'은 기업의 경영전략 수립을 위하여 기업 내부에 가진 강점(strength)과 약점(weakness) 그리고 외부 환경의 기회

(opportunity)와 위기(threat) 요인을 분석하는 효과적인 방법이다. 이러한 'SWOT 분석'을 토대로 시장 기회를 발견하고 마케팅 전략 수립에 활용하는 것이 경영전략 프로세스의 일부이다.

나의 상태를 가장 잘 아는 것은 '자신'이다. 자신의 현실을 잘 파악하고 인정하여 강점을 살리고 약점을 보완하면서 인생 2막을 시작(start-up)하여야 한다. SWOT 분석을 바탕으로 인생 1막에 나타난 나의 강·약점을 보완하고 포지션을 재정립하는 것이 인생 2막의 설계도인 '전술 배치도(포메이션)'를 새롭게 정하는 핵심 자료가 된다.

'SWOT 분석'에서 요인별, 상황별로 분석하여 마케팅 전략을 세우는 것처럼 본 장에서 언급된 주요 사안들을 살펴보

자. 자신이 처한 상황별로 다를 수 있겠지만 SWOT 분석에 대입한다. 즉 앞으로 설명하게 될 ① 액티브 에이징 ② 25배 법칙 ③ 퍼스널 브랜딩은 외부 상황에 놓고, ④ 재산 상태 ⑤ 인생 2막 단계별 소요 자금 ⑥ 은퇴 전후 6대 리스크는 자신의 내부 요인으로 배치하여 현재 상황과 자신의 미래 발전 방안을 설계하여 보자.

여기에 경제위기, 자신의 집 안 환경, 일자리 기간 등은 외부 상황에 더하고, 성격, 인맥, 재능 등은 내부 요인에 추가하여 적절하게 살펴보면 더욱 유용하다. 이처럼 자신의 장·단점과 외부의 상황을 분석하고 '인생 2막(주식회사)' 창업을 시작(start-up)하여 보자.

'SWOT 분석'과 함께 요인 상호 간 연계와 대응책 수립의 조합을 'STOW 분석 전략'이라 한다. 이들의 대응 전략을 살펴보면 S-O 전략, S-T 전략, W-O 전략, W-T 전략 등 4가지 전략을 도출할 수 있다. 도출된 'S-O 전략'은 확대 전략, 'S-T 전략'은 안정전략, 'W-O 전략'은 우회 전략, 'W-T 전략'은 생존 전략으로 대응 전략을 마련할 수 있다.

먼저 'S-O 전략'은 좋은 외부 환경에 자신의 역량도 출중하여 2막에서도 기회 선점과 활발한 활동이 기대되는 '확대 전략'이다. 둘째로 'S-T 전략'은 경제위기, 실업 증가 등에도 자신의 강점이 존재하므로 선택과 집중을 통한 외부 위협의 회피, 내부 강점을 활용하는 '안정 성장 전략'이다.

		〈외부 환경〉	
		기회(Opportunity)	위협(Threat)
〈자신내부 환경〉	강점 (Strength)	SO 전략 내부 강점을 이용하여 외부 기회 포착 [확대전략]	ST 전략 내부 강점은 활용하되 외부 위협은 회피 [안정성장전략]
	약점 (Weakness)	WO 전략 외부 기회는 포착 활용하되 내부 약점은 극복 [우회, 개발전략]	WT 전략 외부 위협과 약점을 감안하여 축소 및 최소화 [축소, 생존전략]

셋째로 'W-O 전략'이 있다. 좋은 외부 환경에도 불구하고 자신의 역량이 미약하면 약점을 보완해 줄 수 있는 역량 강화 멘토링을 받거나 독서 등을 통하여 자신의 내공을 키우는 '우회 전략'이 바람직하다. 특히 인생 2막에서 역량이 미약한 상태에서 유망 업종 투자나 친절한 금융 사기 등으로 자신의 모든 자

산을 탕진하는 경우가 있다.

마지막으로 'W–T 전략'은 외부 환경도 좋지 않고, 나의 역량도 미흡한 경우이다. 냉정하게 '생존 전략'을 가동하거나 최소한의 선택과 집중으로 자신을 지키는 것이다. 보수적인 인생 2막 전략이 필요한 포지션이다. 결국 기회와 강점은 적극 활용하고(포착), 위협은 분산시키고 제거하며(극복), 약점은 보완하는 것이 핵심이다.

앞에서 살펴본 것처럼 인생 2막 자신을 둘러싼 제반 요인들을 SWOT 분석하고 점검하여 다시 자신을 리셋하는 스위치를 켜보자. 대·내외 상황 점검과 커뮤니케이션을 통하여 자신의 역량을 강화하는 리포지셔닝 설계가 필요한 것이다. 인생 2막 리셋을 새롭게 설계하기 위해서 액티브 에이징이 부각되는 현실 그리고 25배 법칙과 바리스타 파이어(Barista FIRE)족, 퍼스널 브랜딩 등을 살펴볼 필요가 있다.

또한 자신의 자산 현황 파악과 인생 2막 단계별 소요 자금 설계도를 작성하여 보자. 이것들과 함께 '자신의 은퇴 전후 6대

리스크'를 점검하여 강점은 최대화하고, 약점을 최소화시켜 인생 2막에 자신의 핵심 역량이 잘 발현되도록 하여야 한다. 다음으로 각 상황과 요인별 특성을 살펴보자.

1) 액티브 에이징(Active Aging)의 부각

액티브 에이징(Active Aging)은 노년층 자신들이 고령화를 불편한 문제적 시각으로 바라보지 않고, 건강하고 활동적인 삶과 모든 사람을 위해 사회의 주인공이 되는 것을 목표로 활기찬 삶을 영위하는 것이다. 이를 통하여 노년층 자신의 자존감 향상과 적극적인 사회 참여로 소속감 증대 및 활력 있는 노년의 삶을 가지고자 하는 것이다. 프랑스의 유명한 심리학자 마리드 엔젤의 『살맛 나는 나이』라는 책에는 "늙되 늙은이가 되지는 말라"며 '늙는 것과 늙은이가 되는 것'을 구분하고 있다. 즉 몸은 늙되 활력 있게 활동하면 삶은 늘 청춘이다는 것이다.

1950년에 태어난 '가황(歌皇) 조용필'은 올해 73세이다. '2023 조용필&위대한 탄생 콘서트'에서 "제 나이가 올해 몇인 줄 아시죠? 오십다섯입니다."라며 건재함을 과시했다. 낭랑한 목소리와 고음은 여전했고, '오빠', '형님' 피켓을 든 3만여 명 관객은 뜨겁게 '떼창'으로 환호하였다. 가황이 외친 55살은 무대 인생(1969년 데뷔) 나이이다. 우리도 영원한 오빠의 나이 계산법인 곱하기 0.75를 해서 젊어져 보자. 따라서 '실제 나이에

0.7~0.8을 곱하면 지금의 활동 나이가 된다'고 요즘 인생 2막에서 액티브 시니어들은 외치고 있다.

액티브 에이징을 실현하는 용어로는, 연령층별로 다소 차이가 있지만, 액티브 시니어, 노무족 등이 있다. 액티브 시니어(Active Senior)란 시간적, 경제적 여유를 갖고 건강하게 적극적으로 은퇴 생활을 하는 50~60대를 지칭하는 말이다. 과거의 시니어족은 단순한 '고령자' 집단으로 인식되어 왔다. 이들은 중·장년층 시절에 마련한 재산을 자녀 양육과 결혼 비용에 소진된 상태였다. 당연히 경제력도 미진하고 일거리가 없어 누군가로부터 보호받아야 할 대상이었으며, 경제활동에도 소극적일 수밖에 없었다. 그러나 '액티브 시니어'는 기존의 시니어족과 구별되게 자유로운 사고를 가지고 젊은 라이프 스타일을 지향하며 소비 시장의 주체로도 등장하였다.

이들은 1955년부터 1963년 사이에 태어난 1차 베이비부머 세대가 700만여 명으로 우리나라 인구의 7분의 1을 점하고 있다. 전후 어려운 시기에 성장하였으나 1970~1980년대 고도 성장기와 부동산 등을 통하여 경제력을 축적하였다. 이와 관련하여 중·장년층을 대상으로 노무족, 루비족이란 용어도 회자된다.

노무족은 '더는 아저씨가 아니다.'라는 의미의 'No More Uncle'의 준말이며, 루비(RUBY)족의 첫 글자는 신선함(Refresh)과 비범함(Uncommon), 아름다움(Beautiful), 젊음(Young)을 조합한 말이다. 모두 안티에이징, 헬스, 레저 등 자녀보다는 자신에 관심이 많은 중·장년층을 의미한다. 이제는 중·장년 이미지에서 벗어나 자신을 가꾸고 자신의 생활을 영위하는 사람들이 당연시되면서 노무족, 루비족 등의 용어 자체도 무색하게 되었다.

아무튼 액티브 시니어 등 액티브 에이징(Active Aging)이 되기 위해서는 경제력, 주변과 사회력, 몸과 마음의 건강력 등이 뒷받침되어야 한다. 특히 현실적으로 경제력이 바탕이 되지 않으면 사회력이나 건강력 등을 돌볼 여지가 없다. 그만큼 경제력이 현실적으로 가중치가 높다. 그러면 액티브 시니어(Active Senior) 조건과 경제력 중심의 현황을 살펴보자. 우리의 국민연금 수급 나이는 65세로 늦춰진 반면 우리나라 직장인의 평균 퇴직 연령은 50세 전후다.

따라서 50대 퇴직자들은 급여가 없어진 후 국민연금을 받을 때까지 10여 년 넘게 생활비를 스스로 마련해야 하는 '소득 크레바스(소득 공백)'에 빠져 어려움을 겪게 된다. 액티브 에이징이 되기 위해서는 많은 준비와 현실의 벽을 넘어야 한다는 것이다.

'하나금융 행복연구센터'가 2020년 출간한 『대한민국 퇴직자들이 사는 법』에 의하면 퇴직자들은 자신이 원하는 '여유 있는 삶'을 살기 위해서는 월평균 생활비가 한 달에 400만 원에서 500만 원 정도 있어야 한다고 말한다. 그러나 조사 대상의 실제 월평균 생활비는 252만 원 정도로 생각과 현실의 격차가 크다.

또한 보험개발원이 발표한 '2020 은퇴시장 리포트'에 따르면 은퇴 가구의 연간 평균 소득은 은퇴 전 6255만 원에서 은퇴 후 2708만 원으로 크게 줄었다. 은퇴하면 은퇴 이전보다 소득이 절반 이하(43%)로 줄어든다. 은퇴 이후 연간 소득 2708만 원은 월별로 환산해 보면 230만 원 정도이다. 그나마 2708만 원 중 절반에 가까운 1249만 원이 연금 등 이전소득이다. 또한 노후에 필요한 부부 평균 최소 생활비는 227만 원, 적정 생활비는

312만 원으로 조사되었다.

이런 상황에서 '여유 있는 삶'을 위한 월평균 생활비 400만 원과는 괴리가 크다. 더구나 은퇴 후 자녀 교육비로 평균 7000만 원, 자녀 결혼 비용으로 평균 1억 200만 원을 예상했다. 은퇴 후 잘못된 설계로 이른바 '캐시 푸어'가 되지 않기 위해 일거리와 함께 보유 중인 부동산의 주택 연금화를 통한 현금화 방안 등 은퇴 이후 구체적인 설계가 잘 준비되어야 한다.

이처럼 인생 2막에서 평소 생각하는 은퇴 후 여유 있는 삶과는 거리가 먼 모습으로 살아가는 경우가 많다. 따라서 액티브 시니어든 바리스타 파이어(Barista FIRE)족이 되든 현실적으로 인생 2막에 앞서 경제력 등을 점검하고 준비할 필요가 있다.

현실적으로 노후 자금 등이 미흡할 경우에는 뒷장에서 설명하는 K주택연금을 적극 활용하거나 귀농·귀촌 교육 등을 미리 2~3년 전부터 세심하게 준비하는 것도 방안이다. 귀농·귀촌 시 생활 자금이 25% 정도 절약되는 것으로 2020년 '귀농·귀촌인 실태조사'에서 보고되고 있기 때문이다.

촌스러움과 불편함의 상징이던 시골이 '자유와 여유를 즐기는 러스틱 라이프(Rustic Life)'의 상징으로 바뀌어 시골에서의 삶이 최근 청·장년층의 부러움이 되고 있다. 간판 없는 시골 카페에 주말이면 사람이 몰리거나 오지 캠핑의 불멍이 도시에서 자란 MZ 세대에게 문화 감성으로 부각되고 있다. 따라서 오지에서 민박 운영 등 상황에 맞게 거주지 선택과 주택연금 여건 등을 고려하여 선택하는 것도 지혜로운 방안이다.

2) 25배 법칙과 바리스타 파이어(Barista FIRE)족

'25배 법칙(4% 법칙, The 4% Rule)'은 조기 은퇴를 목표로 하는 파이어족(FIRE)의 재테크 법칙인데, 은퇴자에게도 유용한 지표다. 노후에 필요한 1년 치 생활비의 25배를 모으는 전략이다. 가령 1년간 생활비로 4,000만 원 정도로 생활하는 사람은 10억 원(4,000만 원×25)을 모으고, 이 돈을 적절하게 분산투자하여 연 4%의 수익률이 되면 다음 해에 또 4000만 원을 지출하여도 원금이 그대로 평생 유지된다는 논리다.

부동산이나 주식 등에 투자해 매년 4% 정도 수익률을 얻으면 물가상승률을 고려해도 은퇴 후 30년 동안은 재정 어려움 없이 살아갈 수 있다는 계산이다. 미국은 물가 상승률을 헤지 수단으로 우상향하는 S&P500 주식 등 '금융'이 발달되어 이를 적극 활용하고 있다. 대한민국은 지금까지 재테크와 헤지 자산으로 '부동산'만큼 좋은 것이 없었다.

또한 파이어족이 다소 부담스럽거나 일에 대한 열정이 있다면 바리스타 파이어(Barista FIRE)족도 좋은 대안이다. 은퇴 후 부부 합산 월 생활비 5백만 원, 연간 6천만 원이 다소 부담스러울 경우 라이프 스타일을 바꾸어 보자는 것이다. 특히 미국의 경우에는 다리 골절 시 병원비가 수백만 원이며, 1주일 정도 입원하면 몇천만 원이 청구될 수 있어 건강 보험료도 매우 높다. 미국 스타벅스 경우는 주당 20시간, 분기 최소 기준을 충족하는 파트타임 종업원에게도 건강보험 자격을 제공한다. 참고로 우리나라는 근로자의 월 근로시간이 60시간 이상 되어야 건강보험과 국민연금 대상이 될 수 있다.

그래서 스타벅스 같은 회사에서 파트타임으로 일을 하면서 쏠쏠한 수입과 함께 건강보험료도 해결하면서 반퇴의 삶을 살아가는 '바리스타 파이어(Barista FIRE)족'이 만들어졌다 한다. 이 단어는 한국의 인생 2막 즐거운 평생현역들에게도 벤치마킹할 좋은 통찰력을 주는 개념이다.

즉 바리스타 파이어족은 대부분 생활비를 자신의 자산에서 해결하면서도 건강보험료, 생활비 충당 등의 사유로 하루 4시간 정도의 짧은 파트타임 아르바이트를 한다. 일에 대한 만족감을 느끼며 살아가는 라이프 방식이다. 또한 '린파이어족(Lean

FIRE)'은 파이어족 중에서도 시간을 여유롭게 활용하며 좀 더 검소한 파이어족이다. 절약하며 최소한의 적은 생활비로 살아가며 직장생활을 하지 않는 라이프 방식을 가진 파이어족이다. 이처럼 생활비와 수입의 다소가 있겠지만, '25배 법칙'은 은퇴자가 생계에 내몰리지 않고 인생 2막을 숙제가 아닌 즐겁게 살아갈 수 있는 지표로 이해하면 좋겠다. 아무튼 '25배 법칙(4% 법칙)'을 잘 응용하여 인생 2막에는 확보된 노후 자금을 연간 4% 정도 사용하고, 각자의 투자 성향이 있겠지만, 금융자산의 연수익률도 4% 정도의 보수적인 운영이 바람직하게 보인다.

3) 내가 누구인지 퍼스널 브랜딩(Personal Branding) 하자

지금까지 은퇴 전 직장인은 대부분 회사나 조직의 미션, 연간 업무 계획의 설계도에 따라 빠르고 효율적으로 활동해야 했다. 또한 고객 친화적인 제품을 만들어내는 상표권자의 생산 기지로, OEM(주문자 상표 부착) 생산 방식의 삶이었다. 따라서 직장인은 리그(League)의 공식 경기 성적에 따라서 연봉과 승진이 결정되는 셀러리맨의 운명이므로 경기를 하면서도 마이클 포터의 경영전략를 구사해야 했다. 더구나 관리자가 되면 리더십과 조직 전반에 대한 통찰력도 함양해야 했다. 그만큼 인생 1막의 전반전 공식 경기는 치열하고, 한 번 실수로 낙오자가 될 수도 있었다.

그러나 이제 인생 2막에 돌입한 사람들은 평생현역 필드의 1인 기업가로, OEM이 아닌 자사 상표(Private Brand)를 부착하고 뛰어야 한다. 더구나 일거리 수준을 넘어 전문 프리랜서를 목표로 하는 경우에는 자신을 새롭게 퍼스널 브랜딩(Personal Brand-ing) 하고, 마케팅에 임해야 한다. 자신의 이름을 바탕으로 직접 수주, 생산, 영업하며 경영 전반을 점검하는 1인 기업의 생산자

겸 마케터가 되어야 한다.

팬데믹 이후 언택트가 강조되는 시대의 마케팅은 제품뿐만 아니라 리포지셔닝을 통하여 고객에게 마케터(marketer)가 원하는 바람직한 이미지와 위상으로 빠르게 변환시키는 활동도 필요하다. 또한 자신이 지속적인 사랑 받는 브랜드가 되기 위해서 자기계발과 꾸준한 혁신이 이루어져야 한다. 이 같은 노력이 지속될 때 평생현역 필드의 1인 기업가이며 진정한 퍼스널 브랜딩 '계속 기업(going concern)'으로 거듭날 수 있다.

호랑이가 죽어서 가죽을 남기듯이 우리는 생전에 퍼스널 브랜딩을 지속적으로 쌓아서 자신의 인생 대차대조표 무형자산 항목에 10년, 20년, 30년 축적된 많은 영업비밀(Experience)을 가지고 있어야 한다. 무형자산에는 좋은 관계력, 봉사력, 배려심 등도 당연히 포함된다. 이런 무형자산이 풍성한 사람일수록 노년이 멋지며, 퍼스널 브랜딩력(Personal Branding力)이 좋아진다.

4) 자신의 재무 상태 파악과 단계별 소요 자금 설계

신용평가기관에서는 기업이 가지고 있는 현재의 기업체 신용 역량을 종합적으로 평가하고자 기업신용평가시스템(CCRS)에 의거, 재무 상태 이외에 계량비재무 및 순수비재무 평가 요소에 대한 신용 평가(Credit Rating)를 한다. 이를 개인으로 치환하면 '재무'는 재산 상태, '계량비재무'는 건강 상태 및 금융거래 신용도, '순수비재무'는 인격, 리더십, 경력 관리, 라이선스 보유 여부 등에 해당된다.

강창희 연금포럼 대표는 "나이가 쉰이 넘어 퇴직이 가까워지면 1년에 한 번 정도는 부부가 같이 앉아 우리 집의 재산 상태를 살펴볼 필요가 있다"고 강조한다.

자신의 재무 상태와 비재무 요소에 대한 파악이 완료되면 인생 2막 활동기, 회고기, 간병기 단계별로 소요 자금을 설계하여 보아야 한다. 퇴직 후 삶의 단계별 소요 자금 설계하기는 2022년 6월 발간한 『신한 미래설계 보고서 2022』를 바탕으로 인생 100세 시대에 맞게 재수정하여 삶의 패러다임 3단계와 소요 자금을 살펴보면 좋겠다.

① 활동기(Go-go years, 퇴직 후~75세): 적극 활동 시기

② 회고기(Reflective years, 75세~80세): 활동/소비 축소 시기

③ 간병기(Care years, 80세~100세): Care/건강 집중 시기

* 나이가 들수록 생활비는 감소하고 의료비는 증가

최근 퇴직 후 단계별 소요 자금 설계와 관련하여 의미 있는 뉴스가 퇴직자에게 화제이다. 국민연금 수령액이 깎이는 페널티를 감수하고 수급 시기를 앞당기는 조기 수령자가 80만 명을 돌파했다는 것이다. 조기 수령 제도가 도입된 1999년 후 최대 규모다. 국민연금공단에 따르면 2023년 4월 말 기준 국민연금 조기 수령자는 80만 413명으로 집계됐다. 2022년 말(75만 5302명)보다 4만 5천여 명이나 늘었다.

국민연금은 수급 개시 연령보다 최대 5년 앞당겨 받을 수 있다. 1년 일찍 받을 때마다 수급액이 연 6%씩 깎인다(늦추는 연기 연금은 7%씩 증가). 즉 5년을 먼저 받는다면 최대 30%를 손해 본다. 조기연금을 신청할 수밖에 없는 형편도 있겠다. 그러나

조기연금 손익분기점(남자 60세 경우)이 78세라는 언론보도와 관계없이 최근 조기연금 신청 상황은 다소 과도한 측면도 있다. 2023년 4월 기준 조기 연금을 받는 수급자의 평균 수령액은 월 65만 4963원이었다.

조기 수령자가 늘어난 원인으로는 우선 2023년 연금 수급 개시 연령이 62세에서 63세로 늦춰진 점이 꼽힌다. 하지만 연금 수급 시기가 1년 뒤로 밀리면서 그때까지 기다리기 어려운 이들 가운데 조기 신청자가 늘었다는 분석이다. 은퇴 후 연금 수령 때까지의 소득 공백기를 메우기 위한 어쩔 수 없는 선택이라는 분석도 있다.

한국은 법적 정년이 60세인 데 반해 현재 연금을 받을 수 있는 시기는 원칙적으로 63세다. 국민연금 수급 개시 연령은 단계적으로 65세까지 높아진다. 정년을 채우더라도 3∼5년의 '소득 크레바스(공백기)'가 생기는 것이다. 이처럼 조기 연금 수령자 증가는 소득 공백기가 은퇴자에게 빙하의 골짜기처럼 치명적인 영향을 끼칠 수 있다는 것을 보여주는 현실적인 통계자료이다.

5) 은퇴 전후 6대 리스크 파악 및 관리하기

고도 성장의 주역인 1차 베이비붐 세대(1955~1963년생) 700만여 명이 2023년에 대부분 정년을 맞았다. 전문가들은 이들을 '샌드위치 세대'라 한다. 더블케어 세대로 부모 부양과 동시에 자녀 부양을 책임지는 세대이다. 부동산 위주의 재산 보유와 저축 등이 미흡하여 은퇴 후에도 쉬지 못하고 일을 해야 될 상황으로, 사회 문제화될 가능성이 많은 세대라고도 한다. 특히 지금의 5060 세대는 대부분 은퇴 후 40년 이상을 사는 첫 번째 세대가 될 가능성이 매우 크다. 그럼에도 은퇴 준비에 대한 이해와 현황 파악이 부족하다는 전문가들의 지적이므로 탐구와 대비가 필요한 상황이다.

미래에셋 은퇴연구소 『은퇴리포트(32호, 2017)』에 의하면 50대, 60대의 많은 은퇴자가 성인 자녀, 중대 질병, 창업 실패, 황혼 이혼, 금융 사기라는 5대 은퇴 리스크에 직면해 있다. 은퇴자 4명 중 3명(74.2%)이 5대 은퇴 리스크 중 한 가지 이상을 경험한 것으로 나타났다. 이는 2023년 현재 미래에셋증권 홈페이지에서도 활용되는 내용이다. 또한 일본 사례에 비추어 자녀의 맞벌이 증가로 최근 인생 2막에 부각되는 '손주 돌봄'을 추가하여 6대 은퇴 리스크를 정리하여 살펴보고자 한다.

〈6대 은퇴 리스크와 본인 관련성 체크〉

① 성인 자녀: 자녀 독립 지체 및 결혼 비용까지 부담 가중
② 중대 질병: 본인 및 배우자 중대 질병으로 신체적/경제적 고통
③ 창업 실패: 퇴직 후 창업 실패로 노후 자금 손실
④ 황혼 이혼: 50대 이후 배우자와 결별로 경제적/심리적 곤란
⑤ 금융 사기: 금융 지식 부족으로 현혹되는 투자 사기 등 피해
⑥ 손주 돌봄: 자녀의 맞벌이 증가에 따른 손주 황혼 육아

첫째, 성인 자녀 리스크다. 성인 자녀의 미취업이나 독립이 이루어지지 않으므로 지출되는 비용 리스크 증대다. 리포트에 의하면 은퇴자 2명 중 1명(55.5%)은 성인 자녀와 동거하며, 자녀와 동거하는 은퇴자 중 51.8%는 자녀의 생활비를 부담하고 또한 16.2%는 용돈까지 주는 것으로 조사되었다. 특히 자녀의 결혼과 겹칠 경우에는 대부분 50대 중 후반의 은퇴자는 국민연금 수급 시기인 63~65세까지 '소득 크레바스', 10년 공백과 충

돌되어 이중, 삼중의 고충이 올 수 있다.

더구나 결혼정보회사 듀오가 조사한 '2022년 결혼 비용 실태 보고서'에 의하면 전국 신혼부부 합산 결혼 비용은 2억 9천만 원 수준이다. 특히 전체 결혼 비용에서 83.6%를 차지하는 주택 비용을 지역별로 살펴보면 서울이 3억 2362만 원으로 1위이며, 수도권은 2억 3197만 원 수준이다.

신랑, 신부 결혼 비용 부담률을 각각 '6대 4' 비율로 금액 환산하면 신랑 1억 7천만 원, 신부 1억 1천5백만 원으로 추정된다. 부모 입장에서는 성인 자녀 리스크가 증가할 수밖에 없는 현실이다. 사회구조 이해를 바탕으로 자녀와 잘 소통하며 이를 대비해야 한다.

둘째, 중대 질병 리스크다. 은퇴자 4명 중 1명(23.7%)은 본인(배우자 포함)의 중대 질병을 경험했으며, 중대 질병을 경험한 은퇴자 중 민간 의료보험에 가입하지 않은 비율은 21.9%였다. 투병 이후에는 생활비를 20.9% 줄여야 했던 것으로 나타났다. 아주대 홍창형 교수에 따르면 80~84세는 5명 중 1명이, 85세 이후는 2명 중 1명이 치매다. 치매는 본인 삶의 질도 떨어지며, 직접의료비뿐만 아니라 간병에 따른 경제적 고통과 간병 갈등으로 가족 공동체가 붕괴될 수도 있으므로 보험 등 위험 이전 방안을 마련해야 한다.

셋째, 창업 실패 리스크다. 은퇴자 중 59.6%는 창업을 했거나 창업을 계획 중이거나 창업을 고민해 본 적이 있는 것으로 나타났다. 그리고 은퇴자 10명 중 3명(28.8%)은 은퇴 후 실제로 창업을 했으며, 그중 65.1%는 휴·폐업했다고 한다. 그들은 창업 실패로 총생활비의 평균 41.3%가 줄었다. 따라서 창업을 할 상황이면 동업계 현장 경험 및 기술력 확보를 위하여 부업 정도 수준으로 시작하여 업황을 충분히 탐색해 보아야 한다. 실패해도 감내할 수 있을 정도로 시작하는 것이 바람직하다.

넷째, 황혼 이혼 리스크다. 리포트에 의하면 은퇴자 100명 중 3명인 2.9%는 50세 이후 이혼했으며, 은퇴자 1인의 생활비는 이혼 전보다 평균 46.2%나 낮아졌다. 황혼 이혼은 재산도, 연금도 반토막 나며, 노년에 고독사로 이어지는 지름길이다. 특히 남성에게는 더욱 치명적이므로 가장 큰 노후 대책은 배우자와 좋은 관계를 갖는 것이다.

다섯째, 금융 사기 리스크다. 응답자의 7.7%가 보이스피싱과 금융 사기로 피해를 본 경험이 있다고 했다. 또한 은퇴자들은 고수익을 보장한다는 유혹에 넘어가거나 유명인사 또는 지인의 추천만 믿고 투자에 나섰다가 큰 낭패를 보는 경우가 있음을 유념해야 한다. 차라리 예·적금 이자율에 불만인 은퇴자는 최근 관심이 쏠리고 있는 안정적인 배당과 함께 성장성이 기대되는 '성장배당 ETF' 등을 참고해 보자.

금융 상품은 투자성으로 인한 원금 손실 가능성이 있는 금융투자 상품과 투자성이 없는 예금, 적금 등 비금융투자 상품이 있다. 구분되는 정도는 금융기관에 확인해야 된다. 또한 금융투자 상품 중에는 '원금을 초과하여 손실이 발생'할 가능성이 있는 선물, 스왑 등의 파생 상품도 있으니 주의해야 한다.

여섯째, '손주 돌봄' 황혼 육아 리스크다. 맞벌이 부부가 증가하면서 친손주나 외손주 돌봄으로 인해 인생 2막 스트레스를 호소하는 사람들이 많다. 이제는 자녀 리스크와 더불어 손주 돌봄 하는 황혼 육아 리스크를 추가해야 하는 상황이다. 일본에서도 황혼 육아가 노후의 행복감을 떨어트려 '손주 피로'라는 말이 있을 정도로 고령자 행복지수에 영향을 준다.

그러나 '손주 돌봄'은 부모 모두 경제활동 참여로 일 가정 양립에 크게 도움이 되는 것이 현실이다. 또한 우리나라의 많은 노부모들은 안타깝게도 결혼할 때 자녀에게 많이 보태주지 못한 미안한 마음을 지니고 있다. 이런 상황에서 결혼한 자녀의 부부 중 한 사람이 직장을 휴직하거나 포기하면 주택 구입 대출금을 갚을 여력이 없다며 매달리는 아들과 딸을 늙은 부모일지라도 모른 척하기 어려운 상황이다.

따라서 맞벌이 가구 중 많은 가구가 '손주 돌봄'에 의지하고 있다. 최근 팬데믹을 거치며 어려운 경제 상황과 맞물리며 손주 돌봄의 '황혼 육아' 현상이 두드러지고 있는 것이 현실이다. 그러나 황혼기 '제2의 육아'는 스트레스, 관절통, 피로, 우울증 등을 동반하여 정신적·육체적 부담이 커지므로 자녀들과 '황혼 육아' 리스크 관리의 지혜를 모아야 한다.

5

'즐거운 현역'으로 살아가는
'NEST 경영 체제' 만들기

마케팅의 대가 필립 코틀러는 마케팅 프로세스에서 환경 분석과 더불어 자신에게 유리하게 시장 분할(Segmentation)과 공략 대상 선정(Targeting) 그리고 좋은 제품으로 인식(Positioning) 시키는 'STP 전략' 수립을 강조하였다. 선택과 집중의 효율적인 마케팅을 위하여 'STP 전략'이 필요하듯이, 인생 2막도 가지고 있는 한정된 자원을 효율적으로 활용할 수 있는 삶의 방향을 설정할 필요가 크다.

따라서 인생 2막의 '즐거운 평생현역' 완성도를 높이고자, 우리는 지금까지 인생 2막 자신의 외부 환경과 재산 상태, 2막 단계별 소요 자금, 은퇴 전후 6대 리스크 등의 강·약점을 분석하고 새롭게 점검하여 보았다. 더불어 2막의 한정된 자원을 효율적으로 활용하기 위하여 인생 2막도 'STP 관점'에서 살펴보고자 한다.

예를 들면, 인생 1막에서의 경력과 경험을 바탕으로 일주일에 며칠을 근무할 것인지 등에 관한 노동 분량(Segmentation)과 어느 분야(Targeting)에서 동사형 N잡러가 될 것인지, 어떤 차별화 요인을 가지고 자신을 어떻게 포지셔닝(Positioning) 할지 구체화해야 한다. 인생 2막 진입 시점의 현재 상황을 바탕으로 자신의 미래 '즐거운 현역'으로 살아가는 'STP 관점'을 수립하는 것이다.

포지션(Position)은 제품이 소비자들에 의해 인식되고 있는 모습을 말한다. 또한 소비자들의 마음속에 자사 제품의 바람직한 위상을 형성하기 위하여 기존 포지션을 새롭게 전환시키는 전략을 리포지셔닝(Repositioning)이라 한다. 따라서 2막에서 자신의 모든 상황에 대한 배치도(포메이션)가 효율적으로 운용될 수 있도록 리포지셔닝을 해야 한다.

여기에서 'STP 관점'에 따라 방향을 도출하고 '평생현역으로 살아가는 것'을 하나의 경영 시스템으로 바라보며 'NEST 경영체제' 만들기를 살펴보고자 한다. 'NEST'는 N잡러, Economy(경제력), Society(사회력), Training(건강력)의 앞글자다. 즉 자신의 1

인 기업가 역량인 N잡러(N-jober, N력), 금전적인 경제력(Econo-my, 재력), 공동체 공감 능력인 사회력(Society, 협력) 및 몸과 마음의 건강력(Training, 체력)이 유기적으로 운영되는 'NEST 경영 체제'를 구축하는 것이다.

이런 유기적인 운영 능력과 함께 나눔의 미학을 지니고 여유롭게 인생 2막에 임해야 한다. 그러면 100세 시대, 호모 헌드레드의 역설에 초연한 즐거운 인생 2막을 맞이할 것이다.

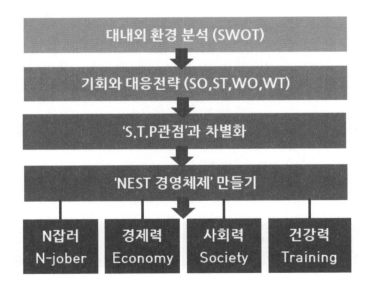

또한 은퇴 후 2막에서 재정, 자녀, 부부, 건강 등 어느 하나라

도 약한 고리가 노출되면 평생현역을 운용하는 데 2~3배 어려움이 동반될 수 있다. 누구에게나 약한 고리는 존재한다. 그 약점을 어떻게 줄이고 보완하며 성공의 길을 갈 수 있는지 고민해야 한다. 은퇴자는 더 이상 물러설 곳이 없고, 제반 기본 여건이 미약하여 사소한 사건에도 꼬리가 몸통을 흔드는 '왝더독(Wag the dog)' 현상에 걸릴 수 있다. 따라서 가장 약한 고리가 사슬의 전체 강도를 결정한다는 미니멈 법칙(Law of the minimum)에 유념하며 '유기적인 NEST 경영 체제'가 만들어지도록 노력할 필요가 있다.

따라서 축구 분석 선구자인 크리스 앤더슨 코넬대 교수는 저서 『지금껏 축구는 왜 오류투성일까?』에서 약한 고리를 개선하는 것이 강한 고리를 같은 수준으로 개선하는 것보다 팀에 더 큰 영향을 준다는 것을 유념할 필요가 있다고 역설한다. 인생이 축구의 전반전 45분, 후반전 45분처럼 정형화된 시간이 주어지는 것은 아니지만, 축구의 전·후반처럼 인생 1막, 인생 2막으로 구분하여 인생을 바라볼 수도 있으니 시사하는 상황이 많다.

그러면 'NEST 경영 체제'를 구체적으로 하나씩 살펴보자.

1) 'N잡러'로 평생현역 경쟁력 갖추기

천재 화가 레오나르도 다빈치는 화가, 발명가, 건축가, 해부학자, 지리학자, 음악가 등 다재다능한 천재적 능력을 발휘한 현대판 N잡러이다. 최근 'N잡러' 열풍이 뜨겁다. 팬데믹에 따른 통화팽창과 러시아-우크라이나 전쟁으로 촉발된 고물가 시대로 'N잡러'는 더 이상 새로운 문화가 아닌 불가피한 현실, 생존과 직결하는 문제가 되었다. 금수저, 자산가, 파이어족이 아닌 이상 50~60대 많은 은퇴자들은 자신의 진로와 일거리에 대하여 고민이 많다. 그러면 그 내용을 살펴보자.

(1) 'N잡러의 철학, 직업의식'을 분명히 하자

인생 2막 N잡러는 자신의 역량이 잘 발현되고 보람되며 그동안 하고 싶었던 일들을 위주로 하되, 1인 기업가이므로 '내가 책임진다'는 성실성과 소명의식을 가진 직업의식이 필요하다. 이에 더하여 골프에서 기본자세에 힘 빼고 스윙하는 것이 장타로 연결되듯 여유로운 마음 자세도 필요하다. 비록 파이어족일지라도 돈(직업)으로부터 자유이지 일거리(활동)로부터 자유는 아니다. 그래서 평생 할 수 있는 일에 대한 소명의식으로 일하는 사람이 만족도가 높고 행복하다. 따라서 생계형이든 봉사형이든 타인을 위해 일한다는 직업의식이 인생 2막 N잡러에게 소중한 지표이다.

(2) '1인 기업가'가 되자

'1인 기업가'가 되기 위해서는 해당 분야에서 상당한 전문가 수준이 되어야 한다. 1인 기업은 하나의 중소기업이며, 독립된 직장이고 생계의 원천 수단이다. 단순한 호기심으로 운영될 수 없다. 그래서 자신만의 정체성(Identity)에 기반한 퍼스널 브랜딩(Personal Branding)도 필요하다.

그것이 여의치 않은 경우 최초 수식어가 붙는 국내 최초 '강아지 장례 전문가', 'IT 출신 스마트팜 농부'처럼 한정된 영역에서 실질적인 독점력을 확보하는 차별화 전략으로 틈새시장을 공략할 수도 있다. 체육에 음악을 접목하여 대성한 '태권 트로트를 창시한 나태주'처럼 새로운 장르에서 1인 기업이 되기 위해서는 시대의 흐름에 맞는 사업의 방향 전환(Pivoting, 피봇팅)도 중요하다. '1인 기업가 퍼스널 브랜딩'과 관련하여, 책 출판을 통해 홍보하는 전문가적인 브랜드는 의뢰인에게 1인 기업가에 대한 신뢰감을 준다. 그런 점에서 책 출판은 자신을 알리는 품격 있고 세련된 홍보 용품이라고 할 수 있다.

(3) '글쓰기와 스피치 역량가'가 되자

일반적으로 N잡러의 출발은 글쓰기가 바탕이다. 이를 통하여 스피치와 마케팅 역량이 강화된다. 한국리더십센터 소장을 역임한 한근태 작가는 『당신이 누구인지 책으로 증명하라』에서 글쓰기가 중요한 이유로 글을 써봐야 자신의 주제 파악을 할 수 있으며, 직접 쓰기 전에는 내가 어떤 사람인지 알 수 없기 때문이라고 강조한다. 특히 1인 기업가에게 책 출판은 전문가 인정, 초청 강연 등으로 이어져 최소 자본으로 최고의 효과를 내는 인생 2막 연착륙 수단이라 강조한다. 세네카의 글쓰기 예찬처럼 자신을 알고 타인과 소통하기 위해서 N잡러에게 글쓰기는 필수 아이템이다.

최근에는 개인이 강의할 수 있는 플랫폼도 많이 생겼다. 그중

탈잉과 크몽은 개인 재능을 콘텐츠화해 차별화된 개인의 강의를 위한 플랫폼이다. 수업을 개설한 개인 튜터들이 고정적인 수입을 창출할 수 있다. 또한 스웨덴식 독서법, 정리 반복 독서 등을 체득하여 독서 역량을 강화하는 것도 필요하다. 백 권의 독서는 백 명의 인생을 간접경험 하고 지혜를 얻는 가성비 좋은 자기계발 방법이다.

(4) '공부하고 탐구하는 호기심 천재'가 되자

한 분야의 전문가가 되기 위해 노력하고 있는 사람에게 많은 튜터들이 피터 드러커의 책, 『프로페셔널의 조건』을 추천한다. 경영학의 대부 피터 드러커 교수는 『프로페셔널의 조건』에서 "나는 3년 또는 4년마다 다른 주제를 선택한다. 그런 식으로 나는 60여 년 동안 3년 내지 4년마다 주제를 바꾸어 공부를 계속해 오고 있다."라고 했다. 특정 주제에 관한 글을 쓰고 탐구를 하다 보면 책을 찾아 읽고 인터넷도 살피고 전문가를 만나 질문도 하게 된다.

2) 평생 마르지 않는 'Economy(경제력)' 파이프 만들기

우리는 최근 자산 축적이 곧 경제력(Economy)의 척도라 믿고 있다. 그러나 미국의 부동산 버블(서브프라임 모기지 사태)이나 일본의 디프레 및 자산 붕괴 같은 상황을 겪으며 위험 대비의 필요성도 느끼고 있다. 또한 자산의 증식을 위하여 가뭄에도 마르지 않는 '파이프 라인' 만드는 방법에도 고민이 많다. 그래서 궁극에는 월수입의 수원지인 '소득 생산' 능력이 부(Wealth)의 척도로 부각된다. 이것이 애덤 스미스 이후 자본주의의 패러다임이다. 국가의 경제력이나 생활 수준을 나타내는 '20세기 최고의 발명품'이라는 GDP도 국내 '총생산' 개념이다.

따라서 인생 2막 경제력 척도로 부동산 등 보유 자산도 중요하지만, 그보다 더 중요한 것은 소득 생산 능력이다. 이것을 보완하고 서포트 하는 것이 연금이다. 그러면 경제력에 관한 여러 사례를 살펴보자.

금융 상품은 일반적으로 투자성으로 인한 원금 손실 가능성이 있는 ① 금융투자 상품과 투자성이 없는 ② 비금융투자 상품으로 구분된다. 또한 금융 투자상품 중에서 '원금을 초과하여 손실 발생'할 가능성이 있는 것으로 ③ 파생 상품[선물, 스왑(swap), 옵션(option) 등]과 원금까지만 손실이 발생할 가능성이 있는 ④증권(주식, 채권, 펀드 등)으로 분류된다. 여기서 손실 가능성은 불확실성에 따른 Risk를 의미한다. 이러한 금융 상품에 대한 명확한 이해를 바탕으로 인생 2막의 자산과 금융의 포트폴리오(Portfolio)를 마련하여야 한다.

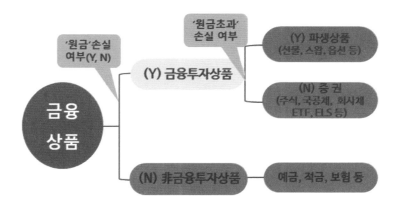

흥미롭게 우리의 인생 2막 삶도 금융 상품의 종류처럼 분류하여 통찰력을 얻을 수가 있다. 즉 예금, 적금의 '비금융투자 상품'처

럼 거래(往來)를 통하여 원금 손실이 발생할 수 없는 소위 '진국'과 같은 사람이다. 철학과 생각이 항상성을 가지고 있으며, 말과 행동이 진중하고 일치하여 미래의 모습에 대하여 예측할 수 있다.

또한 금융투자 상품 중에는 원금까지만 유한하게 손실 발생 가능성이 제한된 주식, 펀드, 채권 등이 있고, 원금을 초과하여 손실 발생 가능성이 있는 선물, 스왑 거래 같은 파생 상품이 있다. 비즈니스 거래에서도 주식회사는 출자한 지분만큼만 책임을 부담한다. 그러나 '연대보증'은 보증인이 주채무자와 연대해 채무를 부담하며 채권자가 주채무자보다 먼저 연대보증인에게 청구하여도 항변권이 없는 등 불확실성 위험(Risk)이 너무 커서 주의하여야 한다.

한편 금융투자 상품의 파생 상품 콜옵션에서 판단 잘못으로 원금의 서너 배에 해당하는 손실을 가져올 경우도 있다. 아무튼 파생 상품 같은 사람과의 거래는 지혜롭게 매칭하여야 한다. 인생 2막의 항해에서 6대 은퇴 리스크 중 금융 사기 리스크에 노출되어서는 안 된다. 가치 투자처럼 본연에 내재된 실력과 통찰력을 닦으며 노년의 비전을 지니고 삶을 여유롭게 살아야 한다.

(2) 위험한 '노년의 목돈'보다 '연금'을 사랑하자

은퇴 후에는 '현금 자산'을 연금화하자. 은행 창구에 가면 (일시납) 즉시연금은 "한 번에 목돈을 예치하고 한 달 뒤부터 일정한 금액을 연금으로 받는 금융 상품입니다. 10년, 15년 등 약정 기간 동안 원금과 이자를 수급하는 확정 기간형, 상속형 등으로 구분됩니다." 처럼 안내된다. 대부분 은퇴 후 퇴직금 등을 재테크 한다고 운영하다가 실패하는 사례가 너무 많다. 따라서 인생 2막을 대비하여 주택담보 대출 상환 등 부채를 정리하거나 퇴직금이나 여윳돈의 3분의 2는 투자보다는 연금화하는 것이 유용하다. 목돈을 소진한 많은 은퇴자는 '현란한 자금 운용보다 매월 연금 수령 방식이 단순하나 가장 현명한 선택'이라고 강조한다. 또한 국민연금이 남편만 있고 유족연금 등을 핑계로 아내는 가입하지 않은 경우가 있는데 50대 초반의 임의가입도 늦지 않았다. 노후 설계의 최대 강적 중 하나인 인플레이션을 국민연금처럼 반영하여 주고 사회보장의 가성비 높은 금융 상품이 별로 없기 때문이다.

"한 번 심어 한 번 거두는 것이 곡식이고, 한 번 심어 열 번 거두는 것이 나무이며, 한 번 심어 백 번 거둘 수 있는 것이 사람이다." 우정의 대명사 춘추시대 관중(管仲)의 말이다. 곡식과 나무도

심고, 사람도 심어야 한다. 이와 관련하여 연금의 중요성을 강조하는 필자의 입장에서 '100세 시대 연금'이야말로 '백년지계(百年之計)'라고 관중의 말을 빌려 강조하고자 한다.

즉 100세 장수 시대를 대비하여 평소 연금을 백년지계의 주춧돌로 쌓아놓아야 한다. 이를 바탕으로 설령 주식 투자와 부동산이 일년지계, 십년지계로 잘못 운용되어도 인생 2막의 삶이 여유로워진다. 부연하면 국민연금, 퇴직연금, 개인연금 및 주택연금 등 3층 또는 4층의 '연금 탑'은 기본적인 '집 밥'처럼 든든하게 갖추고, 디저트 같은 보완재 개념으로 주식과 부동산 투자 등이 이루어져야 한다. 이것이 뒤바뀌면 일본처럼 자산 폭락이 발생하거나 급격한 금융위기가 오면 인생 2막에서 견디기 힘들다.

따라서 은퇴 후에는 '현금 자산'을 연금화하는 것이 아내를 위한 선물이며, 자신과 자녀를 위해서도 지혜로운 방안이다. 최근 노년의 선배님이 씁쓸하게 웃으며 연금을 강조한 이야기를 상기하며 문장을 마무리하고자 한다. "이 세상에서 가장 위험한 돈은 '노년의 목돈'이다. 이유 불문하고 목돈을 가지고 있으면 갈등의 불쏘시개로 자녀를 불효자로 만들거나 주변 사람들의 표적이 될 수도 있다. 그러나 연금을 두둑하게 받고 있으면 다른 사람들과 사교하거나 취미활동 할 '즐거운 대상'이 많아진다."

(3) '보유 주택'을 연금화하자

최근 은퇴 후 노후에 내 집에 살면서 연금도 받는 한국주택금융공사의 '주택연금' 제도에 관심이 많아지고 있다. 한국주택금융공사의 설립 계기는 필자가 2003년 신용보증기금 주택보증부 기획 총괄 부부장으로 근무할 당시, 정부를 상대로 국민의 주거복지 증대와 주택신용보증기금 출연금 확대 등의 업무 역량을 확충하고자 미국의 주택공사인 지니메(Ginnie Mae)와 페니메(Fannie Mae)의 제도를 밤새워 벤치마킹하고 아이디어를 내어 시작된 산출물이다.

특히 주택금융공사 설립 기초를 다지기 위하여 사무국을 추진하면서 『보증월보(Credit Guarantee Monthly) 2003년 272호』에 「주택금융신용보증기금」 출연 기준 대상 대출금에 관한 소고」의 논문을 게재하여 주택보증기금 운용 성과 분석과 출연 기준 확대를 제기하였다. 마이크로(micro, 미시적) 분석에서는 보조금 효과, 주택금융기관의 BIS 기준 자기자본 비율 상승효과 및 출연금 대비 훨씬 많은 대위변제를 받음으로써 현금흐름 기여효과를 논증하였다.

매크로(macro, 거시적) 관점에서는 주택금융시장의 확충, 주택건설의 증대, 무주택 서민의 주거 안정 및 산업생산 유발효과, 고용 유발효과 등을 한은 산업분석모형을 통해 산출하였다. 이러한 운용성과 분석을 바탕으로 당시 보증운용 배수 산정에서 IBRD 공공차관을 기본재산에 포함하여 외환위기 이후 급격한 운용 배수(30배) 초과를 겨우 방어하는 현실 문제를 제기하였다. 즉 주택보증기금 출연금액이 신용보증기관 대비 1/8배 수준으로 적고, 운용 안정화를 위해서는 주택금융기관의 취지를 벗어난 빗나간 계정과목 운용의 정상화와 출연 기준 대상 대출금 확대 필요성을 논거에 의거 강조하였다.

논문에 의거 출연금을 확대하고자 주택금융공사 설립 추진과 함께 재경부 라인도 총동원되어 출연금 확충에 열성을 다하였다. 이후 출연 기준 대출금 범위 확대, 출연요율 인상을 골자로 '한국주택금융공사법 시행규칙'이 시행되는 쾌거의 밑거름이 되었다. 아무튼 특수부대 작전처럼 힘든 여정이었지만, 서민주거

안정을 위한 기본재산 곳간을 든든하게 만든 영광스럽고 보람된 일이었다. 그래서 필자는 애정과 자부심을 담아서 책 제목에 K클래스의 'K주택연금'이라 명명하였다.

서민주거안정이라는 큰 뜻을 품고 당시 국회, 재경부, 공정위 등과 제도 마련을 위해 모든 직원이 함께 전방위로 노력한 자랑스러운 제도다. 주택연금은 주택 소유자가 거주 주택을 담보로 내 집에 거주하며 평생 매월 연금을 수령하는, 국가에서 보증하는 제도다. 부부 중 주택 소유자 또는 배우자가 만 55세 이상이고 주택(여러 주택 합산 가능) 공시가격이 12억 원 이하(2023년 10월 공시가격 상향 개정)면 가입이 가능하다.

주택연금은 ① 평생 거주, 집값 변동에 관계없이 국가보증 평생지급, ② 가입자 사망 후에는 배우자가 동일 금액 수령, ③ 부부 모두 사망 시, 잔존가액이 수령액보다 크면 정산 후 자녀에게 상속한다. 설령 부부가 백세장수로 수령액이 주택매각액을 초과하여도 자녀에게 청구되지 않는 특징을 지니고 있다. 단점으로는 실제 거주해야 하는 요건과 주택 가격 상승분 미반영, 복리 대출이자 부담 등이 있다.

다음은 '주택연금'을 성공적으로 활용한 사례를 살펴보고자 한다. A 씨는 은퇴 후 국민연금과 '퇴직금 곶감 빼먹기'로 근근이 생활하던 중 '주택연금'을 언론을 통하여 알고 가입하게 되었다. 2017년 부동산 상승 초기에 동작구 구축 아파트(당시 5억 원)로 '주택연금'을 가입 후 가격 상승(13억 원) 등으로 2021년에 아파트를 팔고 매도 금액 중 2억 원은 자녀에게 증여하였다. 본인 생활비와 반환금 등으로 3억 원을 활용하고 관악지역에 8억 원 아파트를 구입하여 또 '주택연금'을 재가입(동일 주택 재가입은 3년간 제한)하였다. 그 결과 자녀와 며느리로부터 칭송과 충성도(?)를 모처럼 이끌어냈으며, 본인의 기존 주택연금 수령액도 신규 주택 가입 증가액(3억 원)과 가입 연령(4년)의 상승분만큼이 증가되어 편안한 노후를 지내고 있다.

최근 노후 대비 수단으로 '주택연금' 관심이 높아지면서 2023년 상반기 지급한 연금액도 사상 처음으로 1조 원을 돌파했다. 이런 상황을 반영하여 2023년 10월부터 주택의 공시가격 가입 요건이 '9억 원 이하'에서 '12억 원 이하'로 완화되어 시행된다. 주택의 공시 가격은 시세보다 평균 30% 정도 낮은 것을 감안하면 시세 17억 원 정도까지는 가입이 가능할 것으로 보인다.

상속세는 피상속인이 가지고 있던 재산 가액을 모두 합산하여 세금이 부과되는 방식이며, 증여세는 수증자별로 증여받은 재산가액에 각각 과세(10년마다 다시 공제)한다. 특히 증여세를 낮추기 위해서 대출을 안고 증여하는 부담부증여 활용 및 주식 침체기에 저평가된 주식을 증여하여 부모 입장에서는 매도 시 발생하는 양도소득세 부담을 경감할 수 있는 방안 등이 있다. 또한 2023년 7월 정부는 부모가 자녀에게 증여할 때 '10년간 5000만 원'인 증여세 비과세 한도를 '자녀 결혼' 경우에 '1억 5000만 원(양가 합산 3억 원)'까지 확대하는 세법개정안을 발표하여 논의 중이다. 이처럼 증여세 등 제반 여건이 현실화되는 추세를 감안하여 절세 전략으로 활용하는 것도 유용한 포인트다.

상속과 증여 관련하여 '실패한 은퇴 이야기'의 주인공으로 유명한 사람은 셰익스피어 4대 비극 중 하나인 '리어왕'이다. 첫째, 둘째 딸에게 왕국을 물려주고 남은 노후를 편안하게 살겠다는 판단착오를 한다. 하지만 두 딸은 왕국을 물려받은 후 늙은 리어왕을 무시하고 조롱한다.

두 딸에 대한 분노와 잘못된 판단을 한 자신을 학대하며 화를 참지 못한 리어왕은 궁전을 뛰쳐나와 폭풍우가 몰아치는 황야를 헤매면서 불효한 두 딸을 저주하며 광분한다는 이야기이다. 요즘 자녀에게 '부모 부양'이라는 단어가 없는 상황에서 노후 자금을 자녀 공부 비용, 결혼 자금과 주택 마련 비용으로 소진하는 것은 또 다른 리어왕이 될 수 있다고 은퇴 전문가들은 경고한다. 미리 자녀의 기대치를 조절하며 지혜로운 소통이 필요하다.

인생 2막 최고의 복지제도는 '즐거운 현역'이다

※ 연금/지원금 파악과 시니어 복지혜택(정리)

1) 행정복지센터/ '복지로' 및 '노인일자리여기' 홈페이지 방문

✓ ❶ 기초연금수급(65세 이상, 소득하위 70% 등 요건)

  ❷ 차상위계층

  ❸ 기초생활수급 대상자 여부 등 파악

✓ 나이들며 새로운 복지혜택 점검차원에서 행정복지센터 및 '복지로'

홈페이지(Naver 내연금 검색) 자주 방문

  1) '복지로'에서, 생애주기별, 가구상황별(저소득, 장애인, 다문화 등)

    관심주제별(보육, 일자리 등) 검색

  2) 중앙부처, 지자체, 민영(협회,기업 등) 영역별로도 파악

  ※ 네이버 검색(내연금⇒ NPS 중앙노후준비지원센터⇒

    국민연금, 개인연금, 퇴직연금, 주택연금, 기초연금 조회)

2) 60세 이상 시니어를 위한 의료/세제 등

✓ 1) 독거노인, 장애인 (119자동신고)응급 안전 서비스

  2) 60세 이상 : ①백내장 등 개안수술비, 기초생활수급자 등

                ②무릎 인공관절 지원(기초생활수급자, 차상위자)

  3) 65세 이상 : ①노인틀니, 임플란트 본인부담률 요양급여 비용 총액

    의 30% 적용, ②돌봄서비스(돌봄 필요한 기초 연금수급자), ③무료

    접종(폐렴구균, 독감예방, 코로나19)

✓ 1) 60세 이상 : 나이에 따라서 20%~40% 종부세 세액공제

  2) 65세 이상 : ①1인당 5천만 원이하 종합저축 비과세, ② 5천만 원

    상속세 공제, ③통신비 혜택(기초연금 대상자), ④KTX 경로우대

    30%할인 등 교통우대

  3) 아름다운 이야기 할머니(56세~74세, 한국국학진흥원) 및 공익일자

    리 사업(65세이상, 기초연금 수급자 우선)

3) 원만한 인간관계 'Society(공동체)' 형성하기

『살맛 나는 나이』의 저자인 심리학자 마리 드 엔젤이 두려움 없이 늙음을 거뜬히 받아들이는 해법으로 제시한 사례는 평범하면서도 신박하다. 즉 장수촌 오키나와 주민의 노래 가사 "마음이 뜨거우면 몸이 녹슬지 않는다"를 언급하며 주변 이웃과 교류하고 상부상조하는 '유이마루(연결된 원이라는 뜻)'를 강조했다. 이는 우리가 주변 공동체와 어떻게 사회력을 키우며 인생 2막의 삶을 지낼지 장수 시대에 많은 통찰력을 준다.

미국 공공과학도서관 의학(PLoS Medicine)에 실린 연구에서, 가족이나 친구 혹은 지역사회 안의 교류를 통하여 긍정적인 인간관계를 형성한 사람들은 생존율이 배가 되고, 인간관계 교류가 부족한 사람은 심혈관 질환 발생률 29%, 뇌졸중 발생률이 32%나 더 높았다는 연구 결과가 발표되었다. 개인적이고 이성적인 서양사회에서는 '다름'에 대한 인정이 있으나 관계 중심적이며 정서적 감정이 많은 우리나라에서 '좋은 인간관계'는 행복의 비결이라 말한다. 따라서 인생 2막에서 주변 사람과 좋은 관계를 맺는 것은 매우 중요하다.

특히 노년에는 마음 자세가 유연하지 못하여 주변과 부딪치게 되고 그러면서 사람들과 교류가 감소하게 되는 경향이 있다. 그래서 노년에는 취미생활을 중심으로 소통 공동체를 형성하거나 의견이 일치하는 서너 명의 친구들과 만남을 유지하는 것도 노후를 즐겁게 지내는 방법이다. 이때 유의할 것은 사람들과 잘 어울려 지내는 '인싸(insider)'에 대한 강박을 가질 필요가 없다. 내가 좋아하는 새가 날아오기를 기다리며 그 새가 좋아하는 나무를 심고 가꾸는 정도의 노력이면 된다고 생각한다.

이처럼 활발한 공동체 관계에서 행복과 통찰력의 바이러스가 되려면 내가 먼저 '행복한 발광체'가 되어야 한다. 자존심은 내려놓고 자존감을 진중하게 간직하며 주변과 함께하는 서비스 정신도 필요하다. 주변에 불만과 어려움을 호소하는 '불행한 반사체'가 되지 말아야 한다. 즉 좋은 친구를 사귀려면 나 자신이 먼저 좋은 친구가 되어야 한다. 특히 주변과 잘 지내고 선한 영향을 주며 하루를 조용히 명상으로 마무리하는 인생 2막은 그 자체만으로도 멋진 인생이 아닐까 한다.

또한 즐겁고 주변과 원만한 인간관계를 위해서 취미활동과

봉사활동 부자가 되자. 그러면 취미활동 등에 대한 구체적인 사례를 살펴보자.

- 1인 1악기 시대, '퓨전 장구(북), 기타, 아코디언' 배우기
- 예쁜 모양의 POP 필체를 활용하는 'POP 디자인' 배우기
- 손 글씨를 아름답게 쓰는 기술인 '캘리그래피' 배우기
- 듣기, 말하기, 쓰기, 생각하기 등을 지도하는 '독서지도사' 취득
- 조리기능사, 제빵기능사 취득을 통한 '홈 베이커리' 완성하기
- 당구, 탁구, 골프 등을 고도화하기
- 봉사활동에 유용한 '타로카드, 마술, 각종 공방' 익히기
- 가족, 아내를 위한 주기적인 여행, 동행 외출, 이벤트 하기
- 동네 주변을 달리면서 쓰레기도 줍는 플로깅(Plogging, 줍킹)하기

4) 즐겁게 'Training(건강 관리)' 하기

건강을 잃으면 모든 것을 잃는다는 것처럼 은퇴자는 나이에 맞게 즐겁게 활동하는 것이 필요하다. 은퇴하고 멋진 인생 2막을 시작했는데 퇴직 후 건강이 나빠져 행복한 노후 생활에 방해된다면 매우 안타까운 일이 될 것이다. 65세 이후 의료비 지출이 생애 의료비의 50%가 넘는다고 한다. 특히 노년의 꾸준한 근력 운동은 낙상 위험, 조기 사망을 낮추는 것으로 나타났다.

일반적으로 고령자가 치매일 때 넘어지면서 하체 낙상 고관절 수술을 하면 하체(하드웨어)는 정상 회복되나 심한 마취 후유증 등으로 소프트웨어인 뇌의 치매가 악화되어 사망에 이르는 경우가 많다. 인생 2막에는 꾸준한 건강검진과 함께 스쿼트, 절 운동 등의 지속적인 하체 근력운동이 더욱 필요하다. 108배 운동을 정식으로 배우고자 청도의 청견스님을 뵙고 수련한 한의사에게 하체 근력운동에 좋은 운동으로 적극 추천받았다. 또한 요즘은 "건강한 정신이 건강한 육체를 가져온다"는 말이 마음수련 동호회를 중심으로 나온다. 특히 명상, 긍정 확언 등이 유행이다. 따라서 항상 정신을 맑게 하고 호기심을 유지하는 일이 노년의 행복을 담보하며 즐거운 장수에 접어드는 지름길이다.

또한 『미국의학협회 저널(JAMA) 신경학』에 2022년 9월 6일 발표된 덴마크와 호주 연구진의 논문에 의하면 하루 9826보씩을 걷는 사람이 7년 안에 치매에 걸릴 확률이 50% 낮다는 것을 발견했다. 게다가 분당 40보 이상의 속도로 목표 지향 걷기를 하는 사람은 하루에 6315보만 걸어도 치매의 위험을 57% 줄일 수 있는 것으로 나타났다.

특히 분당 112보의 매우 빠른 속도로 하루 30분을 걷는 사람이 치매 위험을 가장 많이 줄인 것(62%)으로 조사된 점을 강조하였다. 그래서 무더운 여름이나 차가운 겨울에도 새벽부터 천변을 상쾌하게 달리거나 젊은 군대 시절을 회상하며 '빠르게 걷다가 구보'하는 것도 유쾌하게 건강을 증진시키는 방법이다.

많은 책과 연구결과에서도 성별과 연령에 관계없이 꾸준히 많이 걸을수록 건강에 좋다고 알려져 있다. 특히 최근에는 맨발 걷기(어싱)가 언론과 동호회를 중심으로 많이 부각되고 있다. 또한 신선한 제철 과일과 채소 위주 식사로 면역력을 강화하는 것도 좋은 방법이다. 인간을 젊게 만든다는 많은 신약이 개발되고 있지만, 마음 자세와 식사 관리 그리고 지속적인 운동 등 생활 습관을 변화시키는 방안이 건강에 더 도움이 되고 부작용이 없음은 많은 사례에서 입증되고 있다.

PART II

'2막의 커튼콜'은
즐겁고 활기차다

1. 자신과 자산을 보호(hedging)하는 'K주택연금'

2. 내가 누구인지 책으로 설명하라, 전자출판 'e북'

3. 영자 님도 사랑한,
2025년부터 초고령사회 핫플 핫템 '실버타운'

자신과 자산을 보호(hedging)하는 'K주택연금'

1) K주택연금(역모기지론, reverse mortgage) 부각

"한국의 역모기지론은 은퇴자에게 축복"이라고 강조한 '은퇴 재무 설계' 전문가인 1997년 노벨경제학상 수상자 로버트 머튼(Robert C. Merton) 미국 매사추세츠공과대학(MIT) 슬론 경영대학원 교수의 2020년 『중앙일보』 인터뷰는 우리에게 의미 있게 다가온다.

그는 인터뷰에서 고령화가 빠르게 진행되는 한국 사회를 유난히 걱정했다. "앞으로 20~30년 뒤에는 더 많은 한국인이 스스로 노후를 책임지는 각자도생의 길로 빠질 것이다." 최근 부각되는 한국 초고령사회와 젊은 층의 부담 등이 우리 사회를 짓누르고 있는 현실 때문이다.

이런 현실적 상황에서 머튼 교수는 한국의 '주택연금'에 대해 극찬하며, 이를 은퇴자에게 맞게 제대로 설계하면 더 좋은 제도로 발전될 수 있다고 강조하였다. 1편에서도 언급했지만 한국의 주택연금(역모기지론, reverse mortgage) 제도를 도입하고자 '최초로 기안한 필자' 입장에서는 감사한 극찬이며, 인생 2막의 은퇴자분들을 위해서도 보람된 일이다. 그래서 필자는 애정과 자부심을 담아서 책 제목도 K클래스의 'K주택연금'이라 하였다. 그러면 이러한 'K주택연금'은 무엇인지 살펴보자.

주택 소유자가 집을 담보로 제공하고, 내 집에 계속 살면서 평생 동안 매월 연금을 수령할 수 있도록 국가가 보증(공적보증)하는 제도이다. "큰 의미로 K주택연금은 사회보장 성격이 가미된 '착한 대출상품'의 일종"이라고 이해하면 쉬울 듯하다.

전통적인 모기지론(Mortgage Loan)은 주택 마련을 위해 장기 대출을 받은 후 일정 기간 원리금을 상환하는 형식이다. 반면, 역모기지론은 '이미 소유하고 있는 주택을 담보'로 장기간 생활자금 형태의 월 지급금을 제공한다. 이후 대출자의 사망이나 주택 매매 등으로 연금수령액 등을 상환하면 연금계약이 해지된다는 점에서 대비된다. 특히 금융상품 측면에서 접근한 미국,

홍콩 등과는 다르게 한국의 주택연금은 노후 생활 안정이라는 사회복지성을 가지고 도입된 '한국형 역모기지' 제도이다.

최근 주택연금은 자신과 자산을 보호(hedging)하는 수단이며, 노후에 많은 장점을 가진 제도로 부각되고 있다. 한국주택금융 공사의 '주택연금 이용 고객 안내서'와 '홈페이지' 자료 등을 바탕으로 재구성하여 인생 2막의 길잡이인 주택연금의 주요 사항에 대하여 예시와 함께 2023년 상반기를 기준으로 살펴보았다.

〈K주택연금 가입 요건〉

– 부부 중 한 명이 '만 55세 이상, 대한민국 국민'이며, 공시가격 12억 원 이하의 주택 또는 주거용 오피스텔 소유자도 이용 가능 (2023년 10월, 공시가격 개정 내용 반영)
– 다주택자인 경우에도 부부 소유 주택의 공시가격을 합산한 가격이 12억 원 이하

주택연금의 상품 특성을 잘 말해주듯이 저금리, 경기 상승기 및 주택 가격 시세 차이가 큰 2021년에 역대 최대 해지 건수를

나타냈다. 그러나 최근 고금리, 경기 수축 및 주택 시장이 침체기로 접어들면서 시세 차익보다 안정적인 연금 수입에 대한 수요가 급증하고 있다.

최근 집값이 하락하고 2023년 2월부터 연금 지급액 조정(1.8% 하향)을 앞두고 신규 가입을 서두르는 막차 수요도 유입된 것으로 파악됐다. 2023년 1분기(1~3월) 주택연금 신규 가입 건수는 총 5057건으로, 지난 2020년 동기 2387건과 비교해 두 배 증가하였다. 전년 동기(3233건) 대비로는 56% 증가했다.

※ 서울 및 전국 주택연금 이용현황(2023. 2. 기준)

	서울지역	전 국
평균연령	72세	72세
평균 월 지급금	153만원	116만원
평균 주택가격	509백만원	366백만원

〈한국주택금융공사 홈페이지 참고〉

2) 인생 2막 지속성장, 일본 개호 산업과 부동산

기업이 지속 가능한 성장을 위해서는 경제적 수익 창출과 더불어 불확실성에 대비한 리스크 관리를 잘해야 한다. 기업이 겪는 리스크는 크게 전략적 리스크와 운영 리스크로 나눌 수 있다. '전략적 리스크'는 부적절한 경영 의사 결정, 경영 환경 변화에 대한 전략적 실수이다. 신문을 보면 가끔 주력 사업과 관계없이 시류에 편승한 사업 투자로 폭망하여 주력 기업이 부도나는 경우이다. 6대 은퇴 리스크에서도 창업 실패, 황혼 이혼 등이다.

또한 '운영 리스크'는 직원 실수나 시스템의 운용 부주의로 재무적 손실 발생과 평판 훼손이 발생하는 것이다. 특히 이런 '운영 리스크'는 발생 가능성은 낮지만 사고 발생 시 손실 규모가 큰 리스크이며, 피해액 산출이 어려울 정도이다. 따라서 금융기관에서는 기업 부실로 채권 회수 불능 등을 의미하는 '신용 리스크' 및 보유한 주식·채권 등에 대한 시장 상황에 따른 손실 위험을 반영하는 '시장 리스크'와 함께 3대 위험으로 관리하고 있다.

유사하게 인생 2막의 삶도 즐거운 삶과 지속 성장이 보장되려면 부각되는 리스크 관리 중요성에 관심을 가져야 한다. 이때 참고할 만한 사항은 은퇴나 인생 2막에서 자주 접하는 것이 일본의 사례이다. 흔히 한국의 여러 은퇴 상황은 '10년, 20년 시차'를 두고 일본을 따라간다고 한다. 오는 2025년이면 한국은 인구 중 65세 이상이 20%를 차지하여 초고령사회로 진입한다. 일본의 경우 이미 2007년 21.5%로 초고령사회에 진입해 2023년 현재 인구 10명 중 3명이 65세 이상이다. 치매 환자도 증가하여 사회적 문제가 되고 있다. 그래서 선행적이며 유사점이 많은 일본 상황을 잘 살펴보아야 한다.

요즘 일본 가정에 배달되는 신문에는 유료 실버타운 전단지가 껴있고, 지하철에는 납골묘를 소개하는 광고 패널을 쉽게 볼 수 있다고 한다. 앞으로 일본이 겪은 초고령사회의 모습이 우리나라에서도 연출될 것이다. 현재 일본은 노인 개호 산업으로 솜포(sompo) 케어, 베네세(benesse) 스타일 케어 등이 활발하게 영업하며 1조 원 이상 매출로 향후 요양 시장이 미래 성장 동력으로 주목받고 있다. 참고로 일본의 '노인 개호'는 우리나라의 노인 요양이나 간호, 간병과 같은 의미로 'Care'로 번역된다.

이와 같은 정황 등으로 인하여 일본은 초고령사회를 앞둔 우리에게 닥칠 문제들을 예견하고 미연에 방지하는 데 유용한 참고서다. 우리나라 베이비부머가 1955~1963년생이 중심이라면 한국과 10여 년 차이로 일본은 1947~1949년에 태어난 '단카이세대'가 주축이다. 이들이 은퇴하기 시작한 기점부터 일본은 고령화 문제를 본적으로 준비해 왔기 때문이다.

특히 일본의 부동산 등 경제 상황과 함께 은퇴 세대의 흐름을 눈여겨보며 통찰력을 얻을 필요가 있다. 한국은 가계 자산에서 부동산 집중도가 높아 '노후 불안' 리스크의 큰 폭탄을 안고 있기 때문에 그렇다. 그러나 대부분 가계 주체가 이에 대한 민감도가 낮고 개선 대책이 별무 하다는 근원적인 문제점이 더욱 크다. 이런 심각성을 '국민대차대조표' 자료를 기반으로 국가별 상황을 점검하며 살펴보자.

2023년 한국은행과 통계청이 발표한 '2022년 국민대차대조표'에 따르면 물가 수준이 감안된 구매력 평가(PPP) 환율로 환산한 가구당 순자산은 한국 62만 6000달러이다. 2021년 기준으로 영국 66만 1000달러, 프랑스 65만 5000달러로 유사한 수준이었고, 일본 52만 9000달러보다 높았다. 이는 가계 순자산 가운데 약 75% 정도가 부동산에 쏠려 있고, 그동안 부동산 버블과 맞물려 과대평가 되었기 때문이다. 절반 수준 이하인 선진국에 비해 가계 자산이 부동산에 심하게 몰려있는 것이 현실이다.

아무튼 그동안 자본주의를 통하여 오랫동안 자본을 축적한 선진 강국과 어깨를 나란히 하며 부자라는 착각에 빠진 한국의 자신감은 70%대에 이르는 부동산 자산 비중이다. 그래서 이들 자산이 일본처럼 급격한 부동산 하락 리스크에 대비할 필요가 있다. 즉 장기적인 부동산 하락 등으로 앞으로 저성장 시대의 내핍에 대비하여야 한다.

부동산 거품이 붕괴하기 직전 일본 비금융 자산에서 차지하는 부동산 비율은 80% 정도였다. 지금은 절반 수준까지 내려왔다. 일본은 이 조정 기간을 '잃어버린 30년'이라고 하며, 대졸자의 기본 월급이 200만 원대 정도로 고정되어 있었다. 아무튼 한국은 가계의 자산 배분에서 주택 비중을 조정하거나 가계 부동산 내에서도 일부를 자산 유동화처럼 K주택연금 등을 검토하여 가계의 자산별 비중을 조정하는 리밸런싱(Rebal-ancing, 포트폴리오 비중 조정)이 필요하다. 이런 조정과 위험 분산 헤지를 통하여 인생 2막의 전략적 리스크와 운영 리스크에 적극 대비하여야 한다.

3) 주택연금 담보 제공 방식과 월 수령액

주택연금 담보 제공 방식은 저당권 방식과 신탁 방식으로 구분된다. 먼저 저당권 방식의 주택연금은 주택 소유자가 소유권을 가지고 공사는 담보 주택에 저당권을 설정하는 방식이다. 그리고 신탁 방식은 주택 소유자가 주택을 공사에 신탁(형식상 소유권 이전 형태)하고 공사는 우선 수익권을 담보로 취득하는 방식이다. 차이점은 주택 소유자가 사망할 경우, 배우자 연금 승계는 저당권 방식은 소유권 이전등기 절차가 필요하나(자녀 동의 필요), 신탁 방식은 소유권 이전 없이 자동 승계(자녀 동의 무관)된다는 것이다.

한편, 주택연금 월 수령액은 주택 가격과 가입자의 연령을 감안하여 결정된다. 먼저 주택연금 월 지급금을 정할 때 기준이 되는 주택 가격은 아파트의 경우에는 한국부동산원 시세(인터넷), KB 국민은행 시세(인터넷)를 순차 적용한다. 아파트 이외에 인터넷 시세가 없는 주택과 오피스텔은 감정기관의 감정평가를 통한 시세가 적용한다(단, 주거용 오피스텔은 특성상 일반 주택의 72% 수준 월 수령액). 그리고 가입자의 연령은 부부 중 연소자 나이를 기준으로 한다. 일반적으로 부인이 남편보다 3~4세 연소자이며, 남편 사망 이후 7~8년을 더 생존하는 것을 감안하면 K주택연금은 부인을 배려하는 좋은 노후 대비책이다.

※ 주택연금 월 지급금 예시(2023.10.12. 기준)

1) 일반주택, 종신지급방식, 정액형(단위: 천원)

연 령	주택 가격					
	2억원	3억원	5억원	7억원	10억원	12억원
55세	302	453	756	1,058	1,512	1,814
60세	409	614	1,023	1,433	2,047	2,457
70세	601	901	1,503	2,104	3,006	3,315
75세	746	1,120	1,867	2,613	3,573	3,573
80세	951	1,427	2,379	3,331	3,972	3,972

✿ 예시 : 70세(부부 중 연소자 기준), 3억원 주택기준, 매월 90만 1천원 수령

2) 주거목적 오피스텔, 종신지급방식, 정액형(단위: 천원)

연 령	주택 가격					
	2억원	3억원	5억원	7억원	10억원	12억원
55세	219	328	548	767	1,096	1,315
60세	307	461	768	1,076	1,537	1,844
70세	486	729	1,216	1,945	2,432	2,918
75세	626	939	1,565	2,504	3,130	3,556
80세	824	1,237	2,062	3,299	3,959	3,959

〈한국주택금융공사 홈페이지〉

※ 주택연금_예상연금조회 화면(한국주택금융공사 홈페이지)

– 주택 소유자 생년월일, 배우자 생년월일, 주택 시세 등을 입력, 상세 조회

🏠 주택연금	예상연금조회 ▼		＋ 100% －	참 쉬운 주택금융가이드 ∨

예상연금조회

∨ 표시가 있는 항목은 필수로 입력하셔야 합니다.

∨ 주택소유자 생년월일	년도 ▼ 월 ▼ 일 ▼ 　 만 ＿＿ 세
배우자 생년월일	✔ 예 　 아니오 년도 ▼ 월 ▼ 일 ▼ 　 만 ＿＿ 세
∨ 주택구분	✔ 일반주택 　 노인복지주택 　 주거목적 오피스텔
∨ 주택가격	시세검색 　　　　　 원 ※ 주택가격은 ① 한국부동산원의 인터넷 시세 ② 국민은행의 인터넷 시세 ③ 공시가격(공시가격이 없는 경우 시가표준액) ④ 공사와 협약을 체결한 감정평가업자의 최근 6개월 이내 감정평가액을 순차적으로 적용하며, 아파트 등의 최저층은 하한가를 　 적용, 나머지 층은 하한가와 상한가의 일반평균가를 적용합니다. 　 * 다만, 신청인이 요구하는 경우에는 감정평가율 최우선적으로 적용할 수 있습니다. (단, 감정평가비용은 신청인이 부담함) 　 * 시세가 12억원을 초과하는 경우 월지급금은 12억원을 기준으로 산정합니다.
최저층여부	예 　 아니오
∨ 지급방식	✔ 종신지급방식 ❓ 종신혼합방식 ❓ 확정기간혼합방식 ❓ 대출상환방식 ❓ 우대지급방식 ❓ 우대혼합방식 ❓ * 확정기간혼합방식은 부부 중 연소자가 만 55~74세인 경우에만 선택가능
∨ 월지급금 지급유형	✔ 정액형 ❓ 초기증액형(3년) ❓ 초기증액형(5년) ❓ 초기증액형(7년) ❓ 초기증액형(10년) ❓ 정기증가형 ❓
월지급금 지급기간	선택 ▼ 　 인출한도설정 금액 　 0 　 원

조회하기 →

〈한국주택금융공사 홈페이지〉

4) 주택연금 수령방식

매년 2월 주택가격 상승률, 이자율, 기대수명 등을 감안하여 주택연금이 공시(2023년 3월, 전년 대비 1.8% 하향 조정)된다.

(1) 일반 주택연금

일반적인 주택연금은 55세 이상의 노년층이 자가 주택을 담보로 제공하고, 노후에 생활자금을 평생 동안 매월 연금 방식으로 수령하는 형태이다. 일반적으로 인출한도 설정 없이 가입 이후 평생 동안 매월 연금을 지급받는 ❶ 종신지급 방식이 대부분이다. 또한 인출한도(대출한도의 50%) 안에서 수시로 찾아서 활용하고 나머지를 평생 동안 매월 연금으로 지급받는 ❷ 종신혼합 방식 그리고 ❸ 주택담보대출 상환방식 등 여러 형태가 있다.

(2) 주택담보대출 상환용 주택연금

기존 주택담보대출 상환용으로 인출 한도인 연금대출 한도의 50~90% 범위 내에서 일시에 목돈으로 찾아서 기존 담보

대출을 상환하고 나머지는 평생 동안 매월 연금으로 수령하는 형태이다.

이때, '주택담보대출 상환용 주택연금'의 인출 금액은 선순위 담보대출 잔액을 상환하는 용도로만 사용할 수 있으며, 연금대출 한도의 90%까지 인출 한도이다. 유의 사항은 초기 인출 금액이 복리로 계산되는 사항을 고려할 경우 가능하면 '일반 주택연금' 방식이 우선 고려 대상이다.

(3) 우대 지급 방식 주택연금

우대 지급 방식은 사회복지제도가 가미된 형태로, 부부 기준 2억 원 미만의 1주택 소유자이면서 1인 이상이 기초연금 수급권자일 경우 일반 주택연금 대비 최대 20% 더 지급되도록 설계한 것이다.

5) 주택연금 상품 종류

평생 동안 매월 연금 방식으로 수령하는 '종신 방식(① 정액형 ② 초기증액형 ③ 정기증가형)'과 일정 기간 동안 받는 '확정기간 혼합 방식'으로 구분된다. 이는 가입자의 자산 및 재정 상황 등을 고려하여 가입하면 된다.

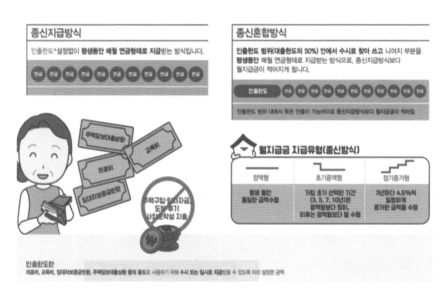

〈한국주택금융공사 홈페이지〉

6) K주택연금 이용에 따른 금융 비용

금융 비용은 은행 VIP 대출에 따른 이자 등으로 이해하면 쉽다. 첫째, 가입 시 직접 지급 비용은 ①감정평가 수수료, ②등록면허세(지방교육세 포함, 저당권 방식에 한함) 등이다. 초기에 담보 설정 시 소요되는 제반 등기신청 수수료, 등록면허세, 지방교육세 등으로 한국주택금융공사에서 지원한다. 단, 주택 소유권을 가입자가 갖는 저당권 방식은 세금(등록면허세, 지방교육세)을 가입자가 직접 부담한다.

둘째, 가입 시 직접 지급하지 않고 이용 금액에 합산되는 비용은 ① 초기 보증료, ② 연 보증료, ③ 대출이자로 구성된다.

먼저 초기 보증료(가입 시 최초만 납입)는 주택 가격의 1.5%(상환용은 1.0%)이다. 연 보증료는 연금 대출 잔액의 연 0.75%(상환용은 1.0%) 구성된다. 대출이자(2023년 3월 기준 4.67%)는 COFIX 금리+0.85%P 또는 3개월 CD 금리+1.1%P이다. 이때 연 보증료와 대출이자는 복리이자로 계산된다.

– 주택가 및 가입 연령: 8억 원(부부 만 65세)

– 가입 상품: 일반 주택연금(종신지급 방식, 정액형) (초기 보증료율 1.5%)

– 월 지급금: 200만 원(가정*), 일시 인출금 없음, 대출이자 4.67%

* 2023.3. 기준으로 실제 1971천 원이나 계산 편의상 200만 원으로 함

〈가입 1개월 차 경우, 예상 수입과 지출 Flow〉

– 1회차 주택연금 수령액(가입 당월 수령) ⇒ 200만 원

– 가입비(8억 원x1.5% ⇒ 초기 보증료 1200만 원)

– 보증료(선취): 초기 보증료 1200만 원+연 보증료*10,500원

(* 연 보증료는 초기 보증료 1200만 원+월 지급금 200만 원에 대한 연간 0.75%)

– 대출이자(후취) 당월 없음, 대출 잔액: 14,010,500원

⟨가입 2개월 차 경우, 예상 수입과 지출 Flow⟩

- 2회차 주택연금 수령액 ⇒ 200만 원
- 대출이자=14,010,500×4.67%/12=54,524원
- 연 보증료=(14,010,500+월 지급금 200만 원+대출이자 54,524원)×0.75%/12
⇒ 16,054,524×0.75%/12=10,040원
- 대출 잔액=14,010,500(전월)+54,524+2,000,000+10,040 ⇒ 16,075,064원

이런 방식으로 가입자 부부가 사망할 경우까지 월 지급액과 금융 비용이 발생한다. 다만 이때 가입비와 연 보증료 및 이자는 매달 수령하는 연금에서 제외되지 않고, 회계 계정에 적립되었다가 가입자가 사망 후에 주택 처분과 함께 정산되므로, 월 수령액에는 가감이 없다. 이때 복리로 계산되는 이자가 부담되면 중간에 이자의 일부나 전액 상환이 가능하다.

7) K주택연금 지킴이(주택연금 전용 계좌) 통장

주택연금 지킴이(주택연금 전용 계좌) 통장은 주택연금 월 지급금 중 「민사집행법」 제195조 제3호에 해당하는 최저생계비인 185만 원 이하의 금액만 입금되며, 입금액 압류가 금지되어 보다 안정적인 주택연금 수령을 가능케 한 주택연금 전용 계좌이다. 다만 주택연금 월 지급금이 185만 원을 초과하는 경우, 주택연금 지킴이(주택연금 전용 계좌) 통장 및 일반 계좌 둘 다 주택연금 수령 계좌로 등록 후 이용하면 된다.

등록 신청 방법은 한국주택금융공사에서 '주택연금 전용 계좌 이용 대상 확인서'를 발급받은 후 대출 약정 금융기관 영업점에 방문하여 해당 서류를 제출하여 주택연금 전용 계좌 개설한다. 이후 해당 계좌를 월 지급금 수령 계좌로 등록해야 한다. 대출 약정 금융기관과 동일한 기관에 한하여 주택연금 전용 계좌 이용 가능하므로 유의한다.

8) K주택연금 관련 유의 사항

■ 4억 원 주택(소유, 거주)+5억 원 주택(소유, 임대) 경우

    → 4억 원 주택을 기준으로 주택연금 수령됨

* 5억 원 주택은 합산한도(12억 원) 초과여부 점검사항임

■ 다주택 보유자도 가입이 가능하며, 주택연금 가입 시 전체 주택합산 공시가격 12억 원 이하(2023년 10월 개정 반영)를 확인하고 있음. 특히 가입 이후 추가로 취득한 주택에 대하여는 제한하지 않으며, 다른 토지, 상가 보유도 무관함

■ 주택연금 월 수령액이 소득에 포함되지 않기 때문에 주택연금에 가입하는 경우에도 기초노령연금, 국민연금 등 공적연금 수령에는 전혀 불이익이 없음(건보료에 합산되지 않아 상승 요인과 무관, 즉 대출받은 것임. 단, 기초생활수급 자격 제한될 수 있음)

■ 주택연금은 매월 지급받는 연금이지만, 실제로는 주택을 담보로 한 대출이기 때문에 주택연금의 월 지급금은 소득에 포함되지 않음

9) K주택연금의 장·단점

① 평생 거주 보장

② 연금 지급을 국가가 보장

③ 주택 가격이 하락해도 약정 월 수령액(연금액)이 그대로 지급 (자산 디프레 헤지 수단, 착한 채권 역할). 단, 가입 이후 주택 가격 이 상승해도 연금액은 상승하지 않음

④ 주택연금 지킴이 통장(「민사집행법」 상 최저생계비인 185만 원 이 하의 금액은 압류금지 주택연금 전용통장)을 통한 안정적 연금

⑤ 재산세 25% 감면 혜택(1세대 1주택의 저당권 방식 주택연금 가입자 로 2024년까지 한시적 운영)

⑥ 1년 이상 거주하지 않거나 주민등록 이전 시 지급 거절(단 요양원 입원 등 불요불급한 경우 공사 승인 시 가능)

⑦ (부부) 사망 시 연금 지급 등 총액이 주택 처분액을 초과되 어도 주택공사가 책임지며, 남는 경우 상속인에게 지급됨

⑧ 복리이자 계산, 주택 가격 1.5%의 가입비, 유동성 문제 등

10) K주택연금 가입에 대한 '종합적인 의견'

(1) 금융(투자) 리스크 대안이다

　노화가 진행될수록 투자 등 판단 능력이 떨어지는 현상에 대비한 효율적인 투자 대안이다. 특히 노년에는 고수익, 좋은 물건이라는 말에 팔랑귀가 되어 인생 9번 잘 살다가 1번 잘못 투자하면 노년 전체가 망가질 수 있다. 예를 들면, 부동산 동일 투자금액에 서울보다 지방 지역이 월세 수익률이 높은 경우가 있으나 장기간 목돈을 투자 후 빠져나오지 못하는 함정의 늪에서 노년 심적 고통을 겪을 수 있다.

(2) 자녀 리스크 해결 방안이다

　즉 자신의 보유 주택을 연금화 자산으로 만들어 놓으면 자녀 입장에서도 더 이상 증여자산으로 생각하지 않는다. 또한 일정한 수입 파이프라인 확보로 노후 자산관리 스케줄이 든든하여 자존감 있게 활동할 수 있다. 매월 주택연금 수령액으로 자녀, 며느리, 사위, 손자들에게 쏠쏠한 용돈이나 선물을 제공하며 자연스럽게 소통하는 것도 좋은 방안이다.

(3) 주거 안정과 배우자(아내)에 대한 선물이다

주택연금 월 수령액은 기대수명(연금수령 기간)과 주택 가격과의 상관관계이다. 오래 살면 가입자가 유리한 사회보장성 상품으로 생각하면 된다. 반면 총 연금수령액이 주택 가격보다 적으면 자녀에게 상속되는 나름 명쾌한 방식이다. 일반적으로 남편 사망 이후 부인이 7~8년은 더 생존하는 것으로 조사되는데, 남겨진 아내가 자녀들 유산 분쟁에 휩쓸리지 않고 매월 주택연금을 받으며 주도적으로 남은 인생을 살 수 있다. 매월 월세처럼 연금 수령과 함께 '주택자산 하락위험 대비(디플레 hedging)' 수단이며, 제반 리스크 등에서 유용한 방어용 해자가 될 수 있기 때문이다.

(4) 일부 불편한 단점도 부각되고 있다

주거 이전 제한, 복리이자 계산, 주택 가격 1.5%의 가입비, 유동성 문제 등이 불편한 단점으로 부각되고 있다. 동일 주택 금액을 처분하여 즉시연금과 비교할 경우 즉시연금 수령액이 많다고 하나 고금리 상황에서 이야기이다. 또한 거주 주택 해결이 만만하지 않다. 정리하면 살아오면서 그동안 평소 부동산이나 주식 투자 등에 소질이 없고 팔랑귀 성격이 있다면 주택연금은 노후에 단점보다 장점이 부각되는 금융 상품이며, 정부지급보증의 사회보장성 대출 상품의 일종으로 생각된다.

(5) 다양하고 적극적인 운용 방식도 있다

조금 더 여유로운 자산과 시간을 가지고 적극적으로 운용을 원하는 경우가 있겠다. 먼저 1주택을 주택연금으로 셋팅 완료하고, 추가로 소액 상가(또는 건물)와 금융자산 운용을 추가하여 바람직한 자산 포트폴리오(portfolio)를 구성하는 것이다(소위 4층 연금, 5층 연금 완성).

둘째는 자신의 역량과 함께 시간적 여유가 있다면 주택연금과 함께 노후 건강보험이 해결(cover)되는 바리스타 파이어(Barista FIRE)족이 되어 즐겁게 일하면서 보람을 갖는 등 인생 2막이 더욱 행복해질 수 있는 주춧돌로 활용하는 것도 방안이다.

11) K주택연금 관련 11가지 질의와 응답

(1) 다주택자, 상가 소유자도 이용 가능한가? 〈Y〉

주택연금은 원칙적으로 부부합산 1세대 1주택 보유를 가입 요건으로 한다. 그러나 다주택자의 보유 주택를 합산한 공시가격이 12억 원(2023년 10월 개정 내용 금액 반영) 이하인 경우에는 여러 주택 중에서 거주하는 주택을 담보로 주택연금에 가입할 수 있다.

또한 2주택자인 경우에는 보유 주택 합산 공시가격이 12억 원을 초과하는 경우에도 3년 이내 거주담보주택 이외의 주택을 처분 조건으로 주택연금에 가입할 수 있다. 주택연금 금액 조건 (합산 공시가격 12억 원) 범위 내에서 다른 토지나 상가 등 기타 부동산을 보유하고 있어도 주택연금을 이용할 수 있다. 특히, 보유 주택 수는 가입 시점 부부를 기준으로 판단하므로 가입 후 여러 주택을 소유하게 되어도 주택연금을 계속 이용 가능하다.

(2) 주택 가격 상승률, 물가상승률, 장수가 반영되는가? 〈N〉

주택연금은 가입 시점에 월 지급금이 고정되어 동일하게 평생 지급되며, 물가상승률을 반영하지 않는다. 또한 한계 연령 (100세)을 초과하여도 상관없이 평생 월 지급금을 지급한다.

(3) 선순위 대출, 개인 소득 및 신용등급과 관련이 있는가? 〈N〉

가입하고자 하는 주택에 선순위 대출로 상환이 어려운 경우, 주택연금 인출 한도를 설정하고 목돈을 인출하여 선순위 대출을 상환할 수 있는 '대출상환방식 주택연금' 상품을 운영 중이다. 또한 주택연금은 개인 직장 취업 여부 및 소득 발생 유무와 관계없으며, 개인 신용등급이 낮아도 이용할 수 있다. 단지 신용관리정보를 보유하고 있는 경우 가입이 제한될 수 있다.

(4) 공적 연금 등 수령 중 주택연금 가입 가능한가? 〈Y〉

국민연금, 공무원연금, 사학연금, 군인연금, 농지연금 등 공적 연금을 수령 중에도 주택연금에 가입할 수 있다. 주택연금은 매월 지급식 연금이지만 실상은 주택을 담보로 한 '대출 형태'이므로 주택연금의 월 지급금은 소득에 포함되지 않는다. 또한 기초노령 연금 등 공적 연금 수령에도 불이익이 발생하지 않는다(단, 상황별로 기초생활수급 자격이 제한될 수 있음).

(5) 기초생활수급자의 주택연금과 수급 자격 상실 여부 〈Y〉

기초생활수급자의 수급 자격 판정 시 주택연금 월 지급금의 50%(기존 100%에서 개선)가 소득으로 반영되고, 연금 월 수령액인 보증 잔액은 부채로 반영되어 주택연금 월 지급금 상당액만큼 수급액이 감소되거나 상실될 수 있음에 유의한다.

(6) 건물과 토지 소유자 다르거나 일부만 가능 여부 〈N〉

주택법에서 주택은 건물과 토지를 모두 포함하는 개념으로 주택과 토지를 모두 소유한 경우 주택연금 가입 대상이다. 건물과 토지를 부부가 각각 소유한 경우에도 가입할 수 있다. 그러나 권리 행사 부작용 등으로 주택의 일부만 대상으로 주택연금에 가입할 수 없다.

(7) 오피스텔, 재개발 및 재건축도 이용 가능한가? 〈Y〉

등기사항 증명서상 용도가 오피스텔 또는 업무 시설이면서 주거 목적으로 사용되고 있으면 주택연금 이용 가능 대상이다. 주거목적 사용기준은 아래 조건을 '모두 충족'되어야 한다.

① 전용 입식 부엌, 전용 화장실 등 필수 주거 시설 설치
② 신청인 또는 배우자 주민등록상 주소지가 담보 주택과 동일
③ 조사 결과 신청인 또는 배우자가 실제 담보 주택에 거주
④ 담보 주택이 재산세 과세대장 상에 주택으로 주택분 재산세 과세

특히 요즘 재테크, 노(老)테크 차원에서 오피스텔을 저렴하게 낙찰받아 주택연금으로 활용하는 경우도 있다. 유찰 등으로 감정가 대비 저렴하게 낙찰받더라도 '감정가격 기준'으로 연금이 산정되기 때문이다. 다만 주거용 오피스텔 특성상 연금 수령액이 동일한 일반 주택 가격 대비 20~30% 적은 것도 함께 고려해야 한다. 한편 재개발, 재건축 주택은 사업 진행 상황에 따라 가입 가능 여부를 판단한다. 살펴보면 지방자치단체로부터 관리처분계획 인가를 받기 이전에는 주택연금에 가입할 수 있다. 즉 구역 지역에서 사업 시행인가 단계까지는 가입이 가

능하나 이주비 대출이 제한됨을 유의한다.

(8) 신탁 방식 주택연금은 장점만 있는가? 〈N〉

주택 소유자가 주택금융공사와 신탁계약을 하고 공사에 신탁등기(형식상 소유권 이전) 후, 이를 담보로 주택연금을 평생 수령할 수 있도록 보증하는 상품이다. 이는 소유 주택에 근저당권을 설정하여 공사에 담보를 제공(등기상 소유자는 가입자)하는 저당권 방식과 대비된다. 신탁 방식 장점은 가입자가 사망하더라도 자녀 등 법정상속인의 동의 없이 신탁계약에 의거하여 배우자에게 연금이 자동 승계되는 점이다. 또한 단점으로는 공사가 대·내외적으로 주택 소유권자이므로 신탁 종료 후에도 잔여 재산 교부 등의 절차 진행으로 일정 기간이 소요된다. 그리고 재건축 등 사업 추진 시 조합 등에서 제공되는 이주비 대출 및 조합원 분담금 대출을 받기 힘들 수 있다.

(9) 주택연금 취급과 지급은 모든 금융기관 가능한가? 〈N〉

업무 흐름상 고객의 가입 신청과 공사의 보증 여부를 결정 후 고객이 대출받기를 희망하는 금융기관으로 공사의 보증서를 발송하면 고객과 해당 금융기관이 대출약정을 맺고, 고객에게 주택연금의 월 지급금을 지급하는 체계이다. 따라서 2023년 3월 현재 주택연금 취급은 시중은행 및 지방은행, 보험사 등을 포함하여 16개가 있다. 즉 국민, 기업, 농협, 신한, 전북, 우리, 하나, 대구, 광주, 부산, 경남, 제주, 수협, 농협상호금융, 교보생명, 흥국생명으로 지정되어 있다. 또한 주택연금은 일단 가입 후에 대출 금융기관을 바꾸는 것은 불가능하다.

(10) 주택 가격은 주택금융공사가 평가하는가? 〈N〉

주택연금 대상 주택의 가격 평가는 ① 한국부동산원의 인터넷 시세 ② 국민은행의 인터넷 시세 ③ 공시가격(없는 경우 시가표준액) ④ 공사와 협약을 체결한 감정평가업자의 최근 6개월 이내 감정평가액을 순차적으로 적용한다. 특히 분양 가격, 매매계약서상 매매 가격과 부동산중개업자의 제시 가격 및 거래 시장의 매매호가 등은 수용하지 않으며, 고객이 요구하는 경우에는 감정평가액을 우선 적용하며, 그 감정평가 비용은 고객이 부담한다.

(11) 주택연금 이용 중에 중도 해지가 가능한가? 〈Y〉

주택연금 담보 제공 방식은 저당권 방식이든 신탁 방식이든 무관하게 언제든지 가능하다. 중도 해지를 원하는 경우 주택금융공사 관할 지사나 취급 금융기관 지점에서 상환연금 대출잔액을 확인 후 취급 금융기관 지점에서 대출 잔액을 모두 상환하고 관련 영수증을 관할 지사에 제출하여 주택연금 관련 등기를 말소한다.

2

내가 누구인지 책으로 설명하라, 전자출판 'e북'

1) 전자출판 'e북'의 시대

'e북', '전자 도서' 등으로 불리는 전자책은 종이와 프린터 등의 출력 형태가 아닌 컴퓨터나 핸드폰 같은 전자기기(일명 디바이스)를 통하여 읽거나 들을 수 있는 형태로 만든 전자 방식의 책(콘텐츠)이다. 2010년부터 본격적으로 등장한 태블릿PC와 핸드폰 등의 급속한 보급에 따라 국내 전자출판 시장은 꾸준히 성장하고 있다. 기존 '종이 책방'이 점점 사라지고 있지만, '전자출판 시장'은 꾸준한 성장세를 보이고 있다. 글, 그림, 동영상 등 웹콘텐츠가 독자들에게 '재미있고 가벼운 문화' 형태로 다가오고 있어 접근성과 가독성이 좋아졌다.

우리가 잘 아는 2010년 구글의 e북스토어 론칭을 통하여 아마존이나 애플이 활약하고 있는 전자책 시장을 더욱 뜨겁게 만들었다. 우리나라도 최근에는 지루한 출·퇴근길에 어플을 통하여 '전자책(e북)'을 활용하는 사람들이 많아졌다. 대표적으로 밀리의 서재, yes 24, 교보문고 등이 부각되고 있다. '밀리의 서재'는 2023년 9월 코스닥 시장에 상장할 정도로 성장하였다. 이처럼 전자책(e북) 시장 확대는 독자와 작가 간 원활한 소통이 강화되고 다양한 독서 수요를 창출하며 충족시켜주는 독서 플랫폼의 확충이라는 긍정적인 현상이다.

2) 전자출판 'e북'의 장점 살펴보기

먼저, 'e북'은 작가 자신이 직접 디자인하고 자유롭게 자신의 내재된 정보를 기록하고 활자화하는 재미이다. '움직이고 활동하면 그 자체가 쓸거리'가 되고, 구속 없이 자유로운 영혼으로 활동한 것을 책(e북)으로 활자화하며 주변과 나눔하고 추억하는 기쁨이다. 쉽게 말하면 내 이름으로 된 '책 한 권 출간하기'에 따른 즐거움이다.

둘째, 글쓰기를 좋아하는 사람들이 가지고 있는 '내 책을 내가 디자인하고 손쉽게 출판하는 것이 로망이다.'에 대한 솔루션이다. 등록비 등으로 몇천 원 정도가 소요되는 저렴한 'e북' 출판 비용이다. 이는 일반 출판사의 종이출판이 수백만 원이며, 기획 출판이 1천만 원 내외임을 감안하면 작가 데뷔 소요 비용 측면에서도 가성비 최고이다.

셋째, 북크크(Bookk), 교보문고 펍플(PubPle) 등을 통하여 전자출판(e북) 이후 이를 종이책으로 출판하여 판매, 소장이 가능하다. 즉 'POD 방식'으로 구매자가 책 주문

[Publish(Print) on Demand]을 한 후에 책을 프린트하기 때문에 '1권의 종이책' 출판이 가능하다. 교보문고 등 인터넷으로 책을 주문하려고 보면 어떤 책은 책 제목 앞에 'POD'라 표기되어 있다. "POD 도서는 도서를 전자파일로 보유하고, 주문 시 책의 형태로 인쇄/제본되는 도서입니다. 주문 후 제작이 진행되므로, 실제 배송까지는 1~2주 소요됩니다."를 공지하고 있다.

이처럼 POD 종이책 출판 후, 주변 동우회와 지인들의 의견을 수렴하고 책 내용(콘텐츠)을 더욱 고도화하여 전형적인 출판사와 계약을 맺고 멋지고 일반적인 '종이 책'을 발행할 수

도 있다. 필자도 경영/산업보안 관련 대학생들을 위하여 산업

보안관리사 'e북'을 출판하고, 이런 경험을 바탕으로 다른 주

제의 『100세 시대, 평생교육 평생현역』 종이책을 만든 경험이

있다. 이처럼 'e북'은 후일 종이책 출판을 위한 경험과 레퍼런

스(reference)로 훌륭한 뒷받침이 된다.

　그러면 이러한 전자책(e북) 출판하기에 대하여 책 내용(콘텐츠)

작성 이후 작업 흐름(Flow)에 대하여 살펴보자.

3) 본문 작성할 전자출판용 '글자 서체' 선택

컴퓨터를 활용한 모든 문서 작업부터 웹사이트나 블로그 작업 등에 활용되는 서체를 저작권 문제가 없이 자유롭게 '다운받는 방법'에 대해 알아보자. 이 글자의 모양(서체, 글꼴, 폰트라고도 한다.)에는 Windows 기본 한글 서체로 굴림체, 궁서체, 돋움체 등이 있다. 그러나 이는 많은 사람이 보는 디자인 면에서 다소 불편해 보이거나 전자출판 e북 작업에서 깨지는 현상이 발생한다.

그래서 컴퓨터 활용능력이 좋은 분들은 예쁜 서체를 인터넷에서 다운받아 사용한다. 그러나 서체에는 저작권이 있으므로 인터넷에 있는 글꼴을 함부로 다운받아 사용하고 배포해서는 안 된다. 설령 무료 서체라 하더라도 '비상업적 용도'에 한하여 무료일 경우가 있으므로 주의해야 한다.

잘못하면 저작권 침해를 빌미로 비싼 '폰트 패키지 구매 합의'를 종용 당하거나 여의치 않으며 고소에 휘말릴 수 있다. 즉 잘못된 경로를 통하여 입수된 서체로 전자책을 제작하여 유통,

판매하는 등 상업용으로 활용되면 바로 저작권 문제가 발생한다. 그래서 저작권에 구속되지 않는 '상업용 무료 한글폰트 사이트'를 활용하면 된다. 한국출판인회의, 눈누 사이트, 네이버 글꼴 모음 등에서 저작권에 구속받지 않는 무료이며 상업용으로 활용 가능한 한글폰트를 다운받아 사용할 수 있다. 여기서는 유페이퍼에서 실제 필자가 활용한 '한국출판인회의'의 사이트에서 활용 가능한 전자출판용 서체를 기준으로 설명하고자 한다.

(1) 먼저 '한국출판인회의' 홈페이지(회원가입 무관) 입장

(2) 홈페이지 우측 상단의 'KoPub 서체' 클릭

(3) 클릭 후, 'KoPub 2.0' 버전 활용

'KoPub world' 버전과 'KoPub 2.0' 버전 중에서, 'KoPub world' 버전은 장평 설정 시 깨질 수 있으므로, 'KoPub 2.0' 버전을 활용한다. 이때 '~world~'가 들어간 것은 'KoPub world' 버전이므로 제외한다.

〈한국출판인회의 홈페이지〉

(4) KoPub 서체 및 다운로드 방법

서체(글꼴, 폰트)를 다운로드할 때 폰트 형식이 TTF(비트맵 형식),

OTF(벡터 형식), 2가지가 있는데, 그중에서 일반적으로 TTF를 설치

하여 무난하게 사용한다.

※ TTF는 일반 문서, 웹문서 작성에 적합, OTF는 고해상도 인쇄 및 고

급 출력에 적합

(5) 'TTF 다운로드' 및 'KoPub바탕체 Bold' 설치

'TTF 다운로드'를 클릭하면 다음과 같이 여러 형태의 서체가 표시된다. 본문용 글꼴은 일반적으로 바탕체 또는 돋움체가 가독성이 좋다. 일반적으로 'KoPub바탕체 Bold', 'KoPub돋움체 Bold' 등을 활용한다 'KoPub바탕체 Bold' 설치 사례를 보면 다음 화면과 같다.

또한 글자의 크기는 일반적으로 10pt 내외를 사용한다. 그러나 독자가 아동이거나 연령대가 다소 있는 경우 보통 11~13pt를 추천한다. 아무튼 정답은 없고 여러 글자의 크기로 출력하여 상황에 맞게 가독성 등을 종합적으로 점검한다.

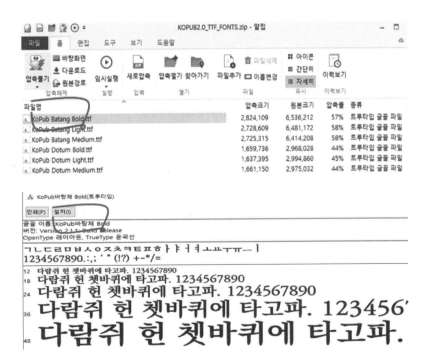

4) 전자책 책표지 작성용 디자인하기 선택

전자책 출판용 책표지를 작성하기 위하여 디자인하는 방법으로는 캔바, 픽사베이, 미리캔버스 등을 활용할 수 있다. 필자의 경험상 요즘 핫하고 쉽게 활용한 캔바(canva)를 근거로 디자인 방법을 설명하고자 한다. 사실 요즘 canva는 전자책이나 강의용 파워포인트 등 활용도가 많다.

캔바 사이트(https://www.canva.com/ko_kr/)를 방문하면 '무료 디자인 툴, Canva(캔바)'가 반갑게 표시된다.
 ※ 참고로 전자책 본문에 사용할 저작권 없는 무료 이미지 사진은 Flickr(플리커) 홈페이지 등에서 바로 검색하여 다운로드 또는 비용을 지급하고 이용 가능하다.

그러면 'Canva(캔바) 사용법을 중심으로 살펴보자.

(1) 캔바(canva) 회원가입, 본인 e메일로 보낸 코드번호로 입장

(2) 유형별로 활용할 적합한 디자인 선택

먼저 디자인할 sketchbook을 펼친다 생각하고 템플릿, 추천 항목, 디자인 만들기 등 ①~④를 선택 클릭하면서 유형별로 활용할 책 내용과 적합한 디자인을 선택한다.

〈Canva 홈페이지〉

(3) 유료 및 무료 여부 그리고 저작권 문제 확인

여기에서 왕관 표시, ₩(돈) 표시는 유료이므로 무료 확인 후 사용하며, 저작권 관련하여 '캔바의 디자인 원본 그대로'를 변형(색상, 도형 추가 등)한 것이 아니면 상업적 이용을 자제한다.

(4) 적합한 디자인 선택과 수정 방법

템플릿 또는 검색(돋보기)을 활용해서 '(예) 보안 시설' 검색 후 무료 디자인 선택 활용한다.

→ '템플릿 맞춤 편집하기' 클릭

→ 캔바 우측 상단에서 공유(아이콘) 클릭

→ 링크 복사의 하단 '다운로드' 클릭

→ 파일 형식(PDF 표준) 지정된 폴더에 다운로드

※ 책 제목, 저자명, 출판사 기입 후 당초 PDF 파일로 일단 저장(원초
표지본 PDF)

(5) 표지용 JPG로 변환해서 게시

유페이퍼 전자출판용 표지 규정은 이미지 파일(즉 JPG 등 파일 형식)이어야 되므로 '알 PDF' 툴을 활용해서 JPG로 변환해서 게시한다.

(6) 속표지 작성

표지 디자인 내용에는 사진 없이(약간 있어도 무방), ① 책 제목, ② 저자, ③ 출판사명(별도 출판사 없으면 유페이퍼 이름만 기재)를 작성한다.

* Page 매길 때 표지가 1페이지, 속표지는 2페이지가 됨(페이지 계산의 근거)
* 일반적으로 부크크(Bookk), 유페이퍼 등 입력 화면에서 등록 시 책 내용 콘텐츠(PDF 파일) 게시 칸과 표지(JPG 파일 등) 게시 칸의 아이콘이 분리되어 있음
* 목차 Page는 2Page 이상이 되어도 무방함

5) 전자책 기본 구조 구상

제작 초기에 개략적인 책 제목과 무엇으로 어떻게 책 내용(콘텐츠)을 채울지 구상할 것이다. 주택을 건축할 때도 설계도가 중요하듯이 전자책에서도 전체적인 설계도면이 중요하다. 주택을 지을 때 설계도가 단순히 집을 구획하기 위한 선들이 아니라 가족의 생활 동선, 취향을 고려한 좌향과 배치, 각 방의 연결 등 눈에 보이지 않는 생활까지 포함되기 때문이다.

소위 기획 출판이 아닌 직접 POD 방식으로 자체 출판하는 경우에는 더욱 중요하다. 건축주가 인부들을 직접 섭외하여 시공하는 '주택 직영공사'에서 건축주가 건축에 대한 나름의 철학과 치수, 마감 방법 등 디테일한 부분까지 알아야 하는 것처럼 말이다. 어느 거실은 형광등으로 풍성하게 하고, 서재는 백열등으로 편안함과 안락함을 줄 것인지 선택하는 오롯이 건축주 스스로의 몫이다.

그러면 일반적인 전자책 기본 구조 순서를 살펴보자.

① **책표지**(Canva를 활용한 디자인)

② **속표지**

③ **프롤로그**

④ **목차**(프롤로그, 목차, 1장, 2장, ~ 에필로그 순서임)

⑤ **본문 1장**(장 밑에는 '1절, 2절' 또는 '1), 2)' 순서임)

⑥ **본문 2장** (장 밑에는 '1절, 2절' 또는 '1), 2)' 순서임)

⑦ **에필로그**(마무리로 하고자 하는 말, 사진 삽입 가능)

⑧ **판권 페이지**

이때 부크크(Bookk), 유페이퍼 모두 전자출판 플랫폼이므로 미리 ① e북 판매가 ② 책 소개 ③ 저자 소개 등을 다른 책 저자들 상황을 감안하여 내용을 작성하여 둔다. 특히 전자출판 플랫폼 대부분이 책 페이지 수, 판매가는 한 번 등록 이후 변경이 불가능하므로 유념한다.

6) 편집용지 기본형식 및 본문 글자 크기 등 구상

편집용지 기본형식은 컴퓨터 자판에서 F7를 치면 나온다. 용지종류에서 B4(타블로이드판), A4(국배판), A5(국판), 신국판, 크라운판 등을 볼 수 있다. 또한 제본(맞쪽) 및 용지여백을 위쪽(15mm), 머리말(10mm), 꼬리말(10mm), 아래(15mm), 안쪽(20mm), 제본(0), 바깥쪽(23mm) 등을 적절하게 처리한다.

본문 글자 크기를 각 '장'은 18포인트, KoPub바탕체 Bold로 강조하고, '장' 아래 '절'은 14 또는 13포인트, KoPub바탕체 Bold, 본문은 11포인트 등으로 전체 상황에 맞게 정한다. 특히, 이때 '한글파일'에서 서식→문단 모양→'줄 간격(200%), 문단 아래(2pt)'를 주면서 전체 문장이 눈에 잘 뜨이게 조절한다.

7) 콘텐츠(아래한글) 파일을 '살아있는 PDF'로 변환하기

부크크(Bookk), 유페이퍼 등 전자출판 플랫폼에서 검수 기준을 보면 '살아있는 텍스트 PDF'를 요구한다. 이 단어의 뜻은 게시된 콘텐츠 PDF 파일이 선택, 복사, 수정이 가능한 상태여야 한다는 것이다. 전자출판 초기의 많은 사람이 이 단어 뜻에 혼동하는 경우가 있다. 아무튼 그만큼 중요한 작업이다.

그럼 '살아있는 텍스트 PDF' 파일 만드는 요령을 살펴보자.

① 본문 콘텐츠(아래한글) 파일을 '알 PDF'(툴)을 활용해서 변환

② '알 PDF'(툴)은 네이버에 '알 PDF 공식 다운로드'에서 설치하고, 이때 문자인식 '플러그인' 툴까지 함께 설치(PDF 변환에 관하여 여러 사람이 인터넷에서 공유 중이니 참고)

③ 본문 콘텐츠(아래한글) 파일은 '알 PDF'(툴)을 활용해서 소위 '살아있는 PDF'로 변환 생성된 파일이어야 드래그, 복사, 수정이 가능함[부크크(Bookk), 유페이퍼 등 게시 규정임]

* '알 PDF'(툴)에서

　'PDF 변환' 메뉴에서 '표지 PDF 파일'을 jpg 파일로 변환

　'PDF 생성' 메뉴에서 '본문 한글 HWP 파일'을 PDF로 생성

④ 특히 이때에도 '본문 한글 HWP 파일'을 PDF로 생성 이후, '책갈피 기능'이 반드시 만들어져 있어, 수정, 복사 등이 가능한 상태여야 함(찾기 기능 등을 통하여 가독성이 좋아짐)

* 책갈피 만들기는 PDF 파일을 열고 해당 페이지에서 '추가' 버튼을 누르고 작성, 이때 마우스 우측을 클릭하면 '삭제', '하위 추가', '이름 바꾸기' 등이 가능함

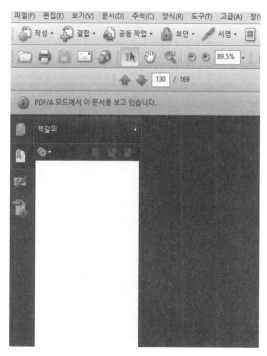

〈Adobe pdf 책갈피 메뉴〉

8) 판권 페이지

직접 출판하는 전자책에서 마지막으로 자신이 집필한 책에 대하여 전체적인 명찰을 붙이는 과정이 판권(Copyright) 페이지이다. 그래서 출판사에서 보조하는 기획 출판이 아닌 경우에는 어떤 내용으로 채울지 다소 고민되는 내용이다. 특히 판권 페이지에서 '책 제목'과 '발행 일자'는 가장 중요하기 때문에 제일 상단에, 색상과 폰트 크기를 달리하여 강조한다.

일반적인 판권 페이지 기재사항은 다음과 같다.
① 책 제목 ② 발행일 ③ 저자 ④ 가격 ⑤ 연락처(핸드폰 번호 없이 E메일만도 가능) ⑥ 출판사[없으면 부크크(Bookk), 유페이퍼 등 기재] ⑦ ISBN 기재 ⑧ 저작권 안내 및 이 책 저작권 저자 소유 기재 등이다.

9) 맞춤법 검사와 검수 기준(PDF 기준) 주요 사항

맞춤법 검사는 '네이버 맞춤법 검사기'를 활용, 1회 500자씩 검사한다. 또는 부산대학교 제공하는 '한글 맞춤법 검사기'를 활용한다. 일반적으로 '아래한글'과 네이버 맞춤법 검사기를 활용하며 무난하다.

한편 부크크(Bookk), 유페이퍼 등의 검수 기준(PDF 기준) 주요 사항은 다음과 같다.

① 선택, 복사, 수정이 가능한 상태인 '살아있는 텍스트 PDF' 여야 함
② 책갈피(목차)가 설정되어야 함
③ 세로 PDF 경우 일부 판매 제휴사에서 거절될 수 있음

10) 전자책 등록하기

이 모든 작업이 완료되면 드디어 전자책 'e북'을 등록할 수 있다. 유페이퍼 경우에는 먼저 홈페이지에서 톱니바퀴 모양의 '콘텐츠 등록' 팝업 메뉴 하단의 '전자책 등록' 및 '전자책 기본 정보'에서 제목, 저자, 카테고리, 전자책 소개, 저자 소개 등을 입력한다.

둘째, '전자책 파일 등록'에서 PDF 전자책 파일 선택, PDF 전자책 표지 파일 선택 그리고 목차를 개별적으로 입력하고 마지막으로 하단에 있는 '전자책 등록' 아이콘을 클릭한다.

셋째, 다음 화면에서 판매 신청 클릭, 전자책 판매 정보 입력, 판매 가격을 선택하고, 불법 다운로드 방지를 위한 'DRM' 적용(U 캐시 500원 필요)한다. 판매 제휴사(교보문고, 예스 24, 알라딘 등)를 선택하고 판매 신청 완료 클릭한다. 게시물의 분류와 검색에 용이하도록 해시태그(#)를 부여한다. 또한 미리 보기는 프롤로그 정도를 체크한다. 마지막으로 ISBN 발급 신청(U 캐시 1천 원)을 하고 승인 대기 하면 1주일 내외에 승인 여부가 통보된다.

11) 부크크(Bookk)에서 전자책 출판하기

'작가님, 최소 수량은 한 권입니다.'

부크크가 내세우는 단 한 권의 책이라도 출판할 수 있는 자가출판 플랫폼의 멋진 모토이다. 부크크는 '무료 출판'을 앞세우며 1인 창작자들의 호응을 얻었다. 2014년 말 서비스를 시작한 '주문형 출판(POD)'은 특별한 마케팅 없이 입소문을 통해 예비 작가들의 유용한 플랫폼 아지트가 되었다.

그러면 일반적인 부크크(Bookk)의 특징을 살펴보자.

(1) 종이책 출판과 'e북'은 ISBN을 별도로 발급 및 진행

Bookk는 '전자출판(e북)'과 함께 '종이책 출판(POD 출판, 낱권 출판)'이 가능한 '무료 자가출판 플랫폼'이다. 이때 유의할 점은 전자출판과 종이책 출판을 동시에 진행할 경우에는 별개로 홈페이지에서 각각 신청하여야 한다. 즉 ISBN을 별도로 신청하고 발급되어야 한다.

(2) 책 만들기

홈페이지에서 책 만들기→종이책, 전자책(e북)을 선택해서 작성한다.

(3) 교정교열, 표지 디자인 등

홈페이지→작가 서비스→교정교열 작업을 통하여 처리한다.

* 교정교열은 표지 디자인 무료 제공 자료를 활용하면 다소 어눌하게 보일 수 있다. 작가 서비스를 이용하거나 크몽 등 외부를 활용할 경우 첫 출판 표지 디자인 작업 등에서 다소 비용이 발생될 수 있다.

(4) 작가 수입 판매 정산금(%)(변동 가능하므로 확인)

■ 종이책　　① 흑백 책(부크크 내 35%, 외부 유통 15%)

　　　　　　② 칼라 책(부크크 내 15%, 외부 유통 10%)

■ 전자책　　e북(부크크 내에서만 판매 가능, 70%)

(5) 출판사 일반 출판 등

작가가 POD 종이책, e북 출판 이후, 일반 출판을 원하면 내용을 새롭게 보강하여 고도화하고, Bookk 사이트에서 판매 중지를 신청한 이후 일반 출판사와 협의하여 일반 종이 출판을 검토할 수도 있다. 이는 저작권 문제 등으로 많이 권장되는 것은 아니지만, 아무튼 Bookk 등 POD 출판을 주도하는 우리나라 '자가출판 플랫폼' 시장이 더욱 번창하길 바란다. 이러한 플랫폼은 일반 출판사에서 수지타산이 맞지 않아 반려 당하거나 독자층이 미약한 '틈새시장 주제'를 다루는 1인 창작자들에게 좋은 오아시스가 되기 때문이다.

〈부크크 홈페이지 – 책 만들기〉

3

영자 님도 사랑한,
2025년부터 초고령사회 핫플 핫템 '실버타운'

1) 실버타운(Silver Town)이란?

실버타운(Silver Town)은 1960년대 미국 남부 지역을 중심으로 형성된 은퇴한 노인들의 주거지역을 가리키는 말이다. 우리나라에서는 노인들이 임대 보증금(혹은 매매) 지급 후 입주(2015년 이후 분양형은 폐지)하여 각종 편의 시설과 서비스 등을 받으면서 거주하는 주택의 형태이다.

관련 법에는 '실버타운'이라는 단어는 없고, 일본과 한국에서만 사용되는 관용어다. 즉 실버타운은 국가의 지원이 없는 고급 유료 양로시설 및 노인복지주택으로 이해하면 된다.

■ 노인복지법 31조

　▷ 주거 복지시설: 양로시설, 노인복지주택, 노인공동생활가정

　▷ 의료 복지시설: 요양시설, 노인요양공동생활가정

　현재 일본 단카이 세대 및 한국 은퇴자들의 이동을 통하여 중·소도시에서는 출생을 통한 인구 증가보다 귀농·귀촌의 고령층 유입이 커지고 있다. 고령자의 인구 유입은 침체에 빠진 지방 경제에 새로운 기회가 될 수 있다. 재택 간호 및 목욕 서비스 등의 관련 산업 성장과 건축업 등도 유휴 시설을 건강 관련 시설로 재개발하면서 성장할 수 있기 때문이다. 그래서 미국과 일본에서는 지역 경제 활성화 차원에서 고령 인구 유입과 실버타운을 연계 활용하는 사례를 찾아볼 수 있다. 우리도 올해 처음으로 '지역 활력 타운'을 공모하는 등 지역과 고령자를 연계하는 움직임이다.

　세계적인 추세는 세대 통합과 미국을 중심으로 '대학 연계형 은퇴자 마을(UBRC)'이다. 스탠퍼드, 라셀 대학교(lasell village) 등도 'UBRC'를 조성하여 대학 도서관이나 식당 등을 연계 이용할

수 있다. 이제 우리 정부도 초고령사회에 대비하여 노령층을 위한 실버주택, 'UBRC' 등을 적극 고민해야 할 시기이다.

〈lasell college lasell village〉
https://lasellvillage.com/lifestyle/learning-opportunities/

국제연합(UN)의 기준에 의하면 전체 인구에서 65세 이상 고령자의 비율이 7% 이상이면 고령화 사회, 14% 이상이면 고령사회, 20% 이상이면 초고령사회로 분류한다. 우리나라의 고령 인구는 2021년 16.6%로 이미 고령사회에 진입했으며, 2025년에는 초고령사회에 진입할 것으로 예상된다. 일본은 더욱 심각하여 2025년에 인구 5명 중 1명이 75세인 '후기 고령자'로 구성된 '초초고령사회'에 진입한다. 그래서 일본도 국가적으로 고령자, 지역, 실버산업 등을 연계하여 활성화시키고자 노력하는 것이다.

　이러한 상황에서 주택연금과 더불어 실버타운이 더욱 부각되는 현실이다. 최근 언론(『이코노미스트』, 2023.5.15.)에서 다소 자극적인 기사가 부각되었다. 〈5년 대기해야 돼요〉, 〈월 500만 원 고급 실버타운 뜬다〉이다. 기사를 보면 실버타운 대기기간이 ▲ 서울시니어스 강남타워(2015년 4월 개원) 5년 ▲ 더클래식 500(2009년 6월) 4년 ▲ 노블레스타워(2008년 4월) 3년 ▲ 서울시니어스 분당타워(2003년 8월) 3년 ▲ 삼성노블카운티(2001년 5월) 3년 ▲ 유당마을(1988년 7월) 4년이다. 이러한 상황을 보면 알 수 있듯이 한국이 초고령사회로 진입한다는 2025년 전부터 '실버타운'은 이미 핫플 핫템이다.

　전체 인구의 20%가 노년으로 구성된 '슈퍼 에이지'의 초고령사회 시대에는 경제가 작동하는 방식에도 많은 변화가 예상된다. 노년층에 대한 인적 자원 활용과 더불어 노년층이 새로운 소비 권력으로 출현할 것이다. 이들을 대상으로 새로운 비즈니스 시장이 활발히 성장하고, 실버타운도 그중에서 중요한 핫템으로 부각되며 많은 기회를 제공할 것 같다.

2) 양로시설과 노인복지주택 등

(1) 양로시설

노인들을 대상으로 '주거'와 관련된 급식과 일상생활 편의를 제공하는 시설로, 의사나 요양보호사 등이 상주하지 않는다.

- 유료 양로시설(60세 이상 누구나 대상자) — 실버타운
- 실비 양로시설(실비보호 대상자)
- 무료 양로시설(무연고자, 기초생활수급권자)

일반적으로 양로시설은 기숙사와 같이 입소할 때 보증금 및 매월 생활 비용을 납부하고, 급식 등 일상생활의 편의를 제공받는 형태이다. 반면 노인복지주택은 독립된 주거 생활을 하는 데 지장이 없는 노인을 대상으로 일반 아파트와 같이 주택을 임대[또는 매매(예를 들어 용인 스프링카운티 자이)]하는 형태이다.

노인복지주택은 정부의 지원이 없다. 60세 이상 입주 자격은 유료 양로시설과 동일하다. 다른 점은 독립된 주거 생활을 할 수 있는 건강한 60세 이상으로, 재산권 행사가 가능하나 양로시설은 제한된다는 것이다.

(2) 노인복지주택

　노인복지주택은 60세 이상 노인에게 주거 시설(아파트)을 임대하여 주거의 편의, 생활지도, 상담 및 안전 관리 등 일상생활에 필요한 편의 제공을 목적으로 하는 시설(「노인복지법」 제31조) 이다. 민간 사업자가 전액 자기 부담으로 주거 시설을 설치하고, 운영비는 입소자가 전액 부담한다.

(3) 고령자 복지주택(이전 명칭, 공공 실버주택)

　일반적인 실버타운이 민간 주도의 여유가 있는 고령자가 수요자라면, 고령자 복지주택은 저소득 고령자를 위한 주거 시설이다. 정부지원 차원에서 주거 시설과 복지 시설을 함께 제공하는 '고령자 복지주택'은 2019년 처음 도입되었다. 이는 공공주택 영구 임대 형식으로 가성비가 좋아 숨어있는 진주 같으나 아직 홍보가 부족하여 지역별로 추가 공고가 빈번하다. 그러면 '신청 자격'을 살펴보자.

고령자 복지주택 신청 자격(2023년 상반기 기준)

– 만 65세 이상, 무주택 가구(전원)를 기본 요건으로, 1순위는 생계급여 또는 의료급여 수급자, 2순위는 국가유공자, 보훈자 등으로 가구당 월평균 소득 70% 이하인 자, 3순위는 월평균 소득 50% 이하인 자이다. 이를 월 소득 기준으로 보면 1인 세대 234만 원 이하, 2인 세대 월 300만 원 이하 등이다.

– 신청 총자산 기준은 세대 구성원 합계로 순자산이 2억 5500만 원 이하이며, 특히 세대원이 보유한 개별 자동차 가액 기준은 3683만 원 이하여야 한다.

– 낮은 보증금과 10만 원 내외 저렴한 월 임대료의 '고령자 복지주택' 신청은 2가지가 있다. 입주 신청은 지역 주민센터나 LH '마이홈'에서 할 수 있다.

■ **LH '마이홈' 검색 및 확인 방법**

① 마이홈 검색, ② 일반으로 입장, 공공주택 찾기에서
③ 임대주택 찾기(입주자 모집 공고) 클릭,
④ 임대 종류(영구 임대), 진행 상태(모집 중) 확인

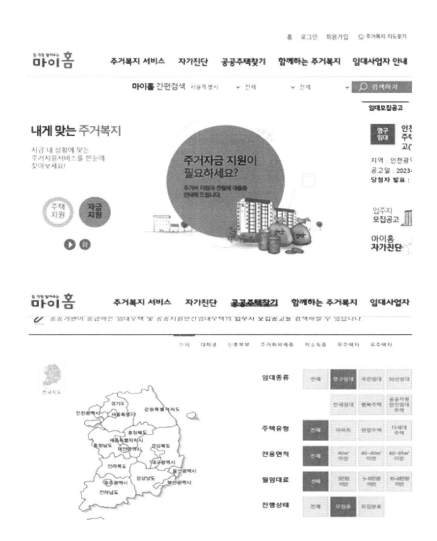

<마이홈포털 홈페이지>

3) 실버타운 점검 사항

(1) 전문 관리업체 여부

① 전문 업체가 관리하는 일반적인 고급 실버타운(삼성노블카운티, 더 클래식 500 등) 형태

② 전문 업체가 관리하지 않고 일반 아파트처럼 운영(비용 절감 등을 이유로 카페를 운영하지 않는 경우도 있음)

(2) 입주 자격

부부 중 1인이 60세 이상, 85세 이하로 제한될 수 있고, 김제시 부영실버타운, 세종시 밀마루 복지마을처럼 지자체 지원 노인복지 주택은 거주 지역, 소득수준 제한 등이 있다.

(3) 실버타운 세대수 및 종업원 수 등

일반적으로 100세대 이상의 큰 규모에서는 수영장, 카페 등 편의 시설 운영과 매월 생활비 등이 저렴한 '규모의 경제' 원리가 적용될 수 있으니 입주 인원 대비 종업원 수 등을 비교한다.

매매가 가능한 경우는 소유권이전등기로 자가 소유가 되며, 임대는 일반 전세권과 처리와 유사(전입신고, 확정일자, 입주하면 「주택임대차보호법」 대상 보호)하거나 보증보험 증권에 가입(사전 점검할 것)하는 형태이다. 따라서 전기 요금, 수도 요금, 난방비는 개별 계산이 원칙(룸 청소 비용은 타운 서비스)이다.

분양형 실버타운(자가 소유, 용인 스프링카운티자이와 서울시니어스 고창타워 등)은 일반 주택에 비해서 주택연금 수령액이 약 85% 정도로 적은 점에 유념한다. 이는 실버타운 페널티(만 60세 이상만 거래 및 입주 조건 등으로 거래가 어느 정도 제한되므로)에 따른 것으로 보인다.

(5) 건강과 여가 프로그램, 식단, 요양시설 등 다양성

기본적인 프로그램 및 월 60식, 월 30식 등을 살펴보고, 환자 발생 시 병간호를 병행할 수 있는 요양시설이 병설되어 있는지 확인한다. 또한 주변에 온천, 골프장, 수영장, 도서관 등 공공시설 활용 여부를 꼼꼼하게 점검한다.

4) 고품격 호텔 서비스의 지능형 실버타운(예정)

(1) 더시그넘하우스 청라(더시그넘하우스 강남 노하우 반영)

- 더시그넘하우스 강남에 이은 더시그넘하우스 두 번째 프리미엄 실버타운으로, 2023년 말 입주 예정. 지하 3층, 지상 9층의 총 139실 규모의 전문 의료 시스템 지원 스마트 실버타운으로 1944년생(만 80세)까지 입주 가능(변경 여부 확인)

(2) 부산 VL오시리아 실버타운(롯데그룹)

- 2024년 말 입주 예정. 지하 4층, 지상 18층의 국내 최대 규모를 자랑하는 시니어 복합단지
- 롯데호텔 앤 리조트가 운영 지원. 입주민을 위한 전문 의료 케어, 다양한 커뮤니티 시설 홍보
- 반려동물 입주 가능 최초 실버타운

(3) 강서 마곡 VL르웨스트 실버타운(롯데그룹)

- 2023년 3월 롯데건설이 분양한 서울 실버타운 'VL르웨스트'가 보증금이 최저 6억 원에서 최고 22억 원 수준임에도 평균 19대1, 최고 205대1 경쟁률을 보여 화제가 됨.

최고의 프리미엄 실버타운으로 2025년 말 입주 예정.

지하 6층, 지상 15층의 총 810실 규모. 마곡 마이스복합단지

- 서울식물원 숲세권, 입주민을 위한 전문 의료 케어, 다양한 커 뮤니티 시설 홍보. 반려동물 입주 가능

- 실버타운을 중심으로 호텔·업무 시설 및 병원과 연계된 메디 컬 서비스 등이 입주민 대상으로 제공

〈VL르웨스트 홈페이지〉

5) 최근 부각되는 실버타운 살펴보기

우리가 본 책에서 살펴보는 실버타운은 '2023년 상반기' 부부 기준으로 보증금, 생활비(식사는 부부 합산 180식으로 환산)를 점검한 것이다. 현장 점검과 금전적인 사항이므로 항상 재차 확인을 통하여 최종 선택하길 바란다. 특히 입주 나이 제한 및 건강 검진에도 유의한다. 일반적으로 양로시설은 정원, 노인복지주택은 세대수로 관리되며 부부 세대가 30%, 독신 세대가 70% 정도이다. 그러면 지금부터 내용을 살펴보자.

(1) THE CLASSIC 500(더 클래식 500)
〈호텔급 최고급 실버타운〉

가치 있는 삶과 문화를 향유하고 싶은 시니어들을 위한 공간에서 최상의 헬스 케어와 커뮤니티 서비스를 제공을 모토로 내세우고 있다. 부담되는 월 생활비에도 불구하고 대기 인원이 많다.

* 500은 포춘(Fortune) 500대 기업처럼 정통성, 신성함 상징

- 시설 종류(유료 양로시설), 설립(2009년), 입주 정원(760명), 건국대학교 재단 운영, 보증금 1/2 근저당 설정하는 방식
- 계약 방식: 보증금 9억 원, 월 기준 1인 20식 의무, 공동 서

비스비 245만 원, 이용료 등 부부 기준 月 생활비(180식 환산) 712만 원

* 3년 계약이며 재계약 시 보증금 변동, 계약 만기 전 해지 시 위약금 납입 보증금 3% 일할 계산, 청약 신청금 3천만 원

■ 위치: 서울 광진구, 건대입구역 도보 3분

■ 주요 Service: 응급의료 지원, 호텔식 럭셔리 여가 지원, 스파, 골프, 수영장, 피트니스 등

■ 특징: 댄스동호회, 하모니 합창단, 전문 간호사 상주

* MBC 『전지적 참견시점』 21년 6월 예능방송에서 예능방송인 이영자가 애정하는 실버타운으로 자양동 더 클래식 500(도시형), 가평 청심빌리지(전원형)가 소개되어 더욱 부각

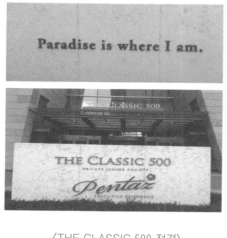

〈THE CLASSIC 500 전경〉

〈멋진 정원과 호수공원, 골프장 같은 최고급 럭셔리 실버타운〉

삼성그룹에서 노인복지사업의 일환으로 설립, 6만 8천 평에 산책로 등 넓은 자연환경 속에서 3세대가 함께하는 콘셉트이다. 입주 대상은 「노인복지법」에 의거 만 60세 이상의 치매, 중풍 등 만성질환으로 일상생활 보조가 필요하신 분, 액티브 시니어 세대와 간병 필요한 세대(요양센터)로 구분 입주한다.

- 시설 종류(노인복지주택), 설립(2001년), 세대수(555세대)
- 계약 방식: 3년 계약이며 재계약 시 보증금이 변동되고, 보증금 1/2 삼성생명공익재단에서 보증
  ① 일반 세대(전용, 66㎡, 20평형) 부부 기준, 보증금 4.2억 원, 月 생활비(180식 환산) 560만 원 내외
  ② 프리미엄 세대(층별로 통합 간호, 간병 서비스를 받음)- 1인 독실 66㎡(20평형) 기준, 보증금 4.2억 원, 月 생활비 375만 원
* 건강 등급 등에 따라 생활 보조비와 기본 케어비 추가(기본적으로 101만 원에서 116만 원 정도가 추가됨)
  ③ 치매 어르신 요양센터- 보증금 1억 원, 月 707~886만 원
- 위치: 경기도 용인시 기흥구, * 영통역 도보 18분

- 주요 서비스: 럭셔리 여가 지원, 수영장, 스포츠센터, 주 2회 청소와 이불 세탁 서비스, 고급 테이블 서비스, 어린이집 등
- 특징: 동선 카드키 모니터링으로 식사 시간 부재 시 안부 확인 및 제반 세부화된 건강 서비스 등

〈삼성 노블카운티 전경〉

(3) 서울시니어스 분당타워

〈도심 속 웰빙 생활, 분당 서울대병원 근처〉

모기업은 송도병원으로, 재정이 건전하고 분당 서울대병원 근처여서 90세 이상이 1/3 초과하는 분당 생활권자의 요람이다.

■ 시설 종류(노인 복지주택), 설립(2003년), 세대수(254세대, 300명)

■ 계약 방식: 보증금(전용 70㎡, 부부 기준)— 5억 원, 月 생활비
　(180식 환산) 400만 원 내외

■ 위치: 경기도 성남시 분당구, 미금역 도보 15분

■ 주요 서비스: 럭셔리 여가 지원, 4레인 수영장, 스포츠센터,
　월별 프로그램 운영하는 체력 단련실 등

■ 특징: 일대일 맞춤 운동 처방 서비스, 길 건너 분당서울대병
　원, 서울시니어스타워는 70% 이상 분양(매매) 형태임 유의

　— 서울시니어스는 고창, 강남, 가양, 강서, 서울, 분당 총 6개 타워 운
　　영 중. 그중 '강남'은 부부 기준 보증금(전용면적 62㎡) 4.5억 원,
　　月 생활비(180식 환산) 350만 원이며, 95세대(임대 31가구)이나
　　가성비가 좋아 임대는 대기가 장기간임

　— 서울시니어스 '고창'은 보증금 2.5억 원, 月 생활비(180식 환산)
　　180만 원 정도이며, 주변 천연 자연환경, 온천 등 여건이 우수함

〈서울시니어스 분당타워 전경〉

(4) 유당마을

〈실버타운의 모델 교본, 우리나라 가장 오래된 실버타운〉

광교산 근처에 위치한 유당마을은 1988년 개원 이래 36년간 축적된 노하우로 안정적인 운영 모델 제시하고 있으며, 입주자 건강 상태에 따라 신관, 본관, 케어홈을 별도 입주 관리한다.

유당마을은 경기도 소재로 앞에서 살펴본 것보다 보증금이 비교적 낮은 장점이 있다. 5년 계약이며 보증금이 3억 원 정도이며, 부부 기준 350만 원 정도 생활비(부부 월 180식 의무식)를 지급한다. 광교산과 가깝고, 수원 만석 호수공원과도 가깝다. 국내 최초로 지은 유당마을은 전통에 걸맞게 깨끗하게 관리되고 있다. 또한 장기간 운영한 만큼 모든 면에서 관리 노하우가 많다.

- 시설 종류(노인 복지주택), 설립(1988년), 세대수(261세대)
- 계약 방식: 보증금(30평, 부부 기준) 3.1억 원, 月 생활비 354만 원(개별 세대 전기, 수도, 난방비 별도 계산)
- * 케어홈 별도 운영(실버타운에서 독립생활이 어려운 어르신): 2인실 1인 기준 보증금 5백만 원, 월 생활비 4백만 원 내외
- 위치: 수원시 장안구, 북수원 IC 차량 15분

- 주요 서비스: 실버타운 내 의원, 한의원, 물리치료실 운영, 게이트볼장, 도예실 등
- 특징: 90식 의무식(과식 방지 차원), 부속의원 건강관리 서비스, 케어홈 별도 운영으로 부부 중 1인 중풍 등에 효율적 대응

〈유당마을 전경〉

(5) 동해 약천온천 실버타운

〈동해의 풍경과 약천온천을 함께 즐기는 실버타운〉

각 방에서 매일 일출과 약천온천을 즐길 수 있으며, 산책길이 잘 조성되어 있다. 입주 체험(부부 1박 15만 원)이 가능한 실버타운으로 실버타운 앞 바닷가 망상해수욕장(둘레길)과 골프장 등이 인근에 있고, 또한 무릉계곡, 용추폭포, 추암해변 등 즐길거리와 볼거리 경관이 우수하여 해외 역이민자 및 휴양지로 많이 추천된다.

- 시설 종류(노인 복지주택), 설립(2004년), 세대수(146세대)

- 계약 방식: 보증금(42평, 부부 기준) 2.5억 원, 月 생활비(180식 환산) 200만 원(1인 경우, 150만 원)

- 위치: 강원도 동해시, 묵호역 차량 15분

- 주요 서비스: 약천온천, 야외 온천풀장, 노래방, 물리치료실, 헬스장 등 운용

- 특징: 체험 숙박 요금(부부 기준)은 24평형 기준, 1박 2일에 15만 원이며, 3끼 식사와 온천 사용 및 실버타운 시설을 자유롭게 이용할 수 있다. 식재료는 인근 농지에서 직접 기른 유기농 식자재 사용하며, 특히 매일 약천온천을 이용할 수 있음이 최대 장점이다.

〈동해 약천온천 실버타운 전경〉

(6) 월명성모의 집

〈전원 속 어머니 품처럼 포근한 천주교 재단 실버타운〉

자연이 함께 숨 쉬는 텃밭을 가꾸며 생활이 가능하고, 모든 세대가 14.5평이나 발코니가 있어 유용하다. 보증금을 월세로 환산하여 보증금 없이도 입주 가능하고 체험 숙박이 가능하다.

- 시설 종류(노인 복지주택), 설립(1999년), 세대수(100세대)
- 계약 방식: 보증금(14.5평, 부부 기준) 7백만 원, 月 생활비 134만 원(1인 경우, 90만 원), 시설유지 입주비 7백만 원 별도

  1인 입주 비용은 6백만 원 등 종교기관 운영으로 상대적 저렴
- 위치: 경북 김천시, 김천역 차량 15분
- 주요 서비스: 노래연습장, 당구장, 탁구장, 각층 휴게실, 게이트볼장, 노인요양병원 등 운영, 1일 체험 숙박 가능(3만 원), 1식당 5천 원
- 특징: 두 분의 신부님이 매일 미사봉헌 등 입주민 90%가 천주교인 신앙 공동체

* 경기도 안성 미리내 실버타운(천주교 재단), 42평(부부 기준)은 보증금 2억 원, 月 생활비 268만 원 수준

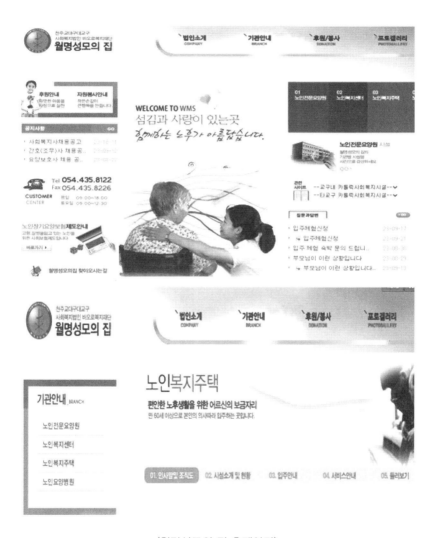

〈월명성모의 집 홈페이지〉

〈시골 마을 초등학교 느낌의 동굴사찰 실버타운〉

편안하고 안락하게 지내도록 노후 생활 관리를 비롯하여 희망하는 경우 별세 후 납골당 안치까지 지원하는 유료 양로시설이며, 평생보장제도 운영한다. 평생보증금은 노인복지주택 시설이 아니므로(일붕은 양노시설임), 일붕(사회복지법인)에서 보증 후 공증하는 형태이다. 즉 전세권, 근저당, 보증보험 처리는 불가능하다.

- 시설 종류(양노시설), 설립(1996년), 세대수(129세대)
- 계약 방식: ① 평생보장제(月 생활비 없음, 장수할수록 유리)
  - 15평형(부부 기준) 2.1억 원(1인 기준 1.6억 원)

* 계약 후 10년 이내 유고 시 정하는 기준에 의거 정산

  ② 선납 방식(2년 치 생활비 선납 형태)
  - 15평형(부부 기준), 4080만 원(1인 기준 3120만 원)
- 위치: 경남 의령군, 일붕사 도보 2분
- 주요 서비스: 건강체조 등 다양한 프로그램 제공 및 노인대학 운영 등
- 특징: 신비로운 2개의 동굴 법당, 일붕효누리 요양원, 일붕사 경내 산책 등

자연속 안락한 쉼터 **일붕실버랜드**

입주 후 평생 동안 안락한 주거, 문화 및 여가활동, 건강생활을 누릴 수 있으며
주간보호, 노인대학 운영 촉탁 의사 진료,자체 요양 시설 연계까지 어르신에게 필요한 풀
서비스를 제공하는 노인종합복지타운입니다.

20평형
어르신들이 편안하고 안락하게 사실 수
있는 20평형 시설입니다.

식당
어르신들께 알맞은 영양공급과 친환경
먹거리를 사용합니다.

서예실
어르신들이 서예를 즐기실 수 있는 서예실
마련

〈일붕실버랜드 홈페이지〉

(8) 실버타운 금전적 부담 및 노후에 살 집

일반적으로 고령자에게 실버타운은 여유가 있는 독신 시니어 또는 아내의 '식사 걱정'을 해방시켜 주는 남편의 배려로 기사화 및 홍보되고 있다. 그러나 최근 언론에 부각되는 프리미엄급 실버타운은 월 입주 생활비가 부부 기준 4~5백만 원 이상이며, 수도권도 3~4백만 원 수준으로 여기에 개인 용돈 등이 추가된다. 경제적 상황이 여유롭지 못하면 부담이 되는 상황이다.

따라서 현실적으로 금전적인 부담이 되거나 실버타운 생활에 거부감이 있는 경우는 적정한 노후 보금자리를 마련해야 한다. 그래서 지자체의 복지센터, 도서관, 운동 시설 및 산책로 등이 구비된 주택단지 근처 '실버형 주택타운'을 눈여겨볼 필요가 있다. 또한 소득수준이 낮은 경우는 기초연금만으로도 생활이 가능한 '고령자복지주택'도 가성비 좋은 대안이다. 주변 경험자들의 의견을 들어보면 노후 보금자리는 70세 이전에 계획을 세우고 마치는 것이 바람직하다. 자신의 자산 구조와 매월 연금 수입 및 주택연금 가입 여부 그리고 일거리 터전 등을 종합적으로 고려하여 노후에 살 집을 정하는 것이 좋다. 아무튼 나이가 들수록 가까이에 개천과 등산로가 있어 운동할 수 있고, 주변과 소통하며 소소한 미덕을 베풀며 즐겁게 살아갈 보금자리가 필요하다.

에필로그

'즐거운 평생현역'이 되길
기대하여 본다

100세 장수 시대로 인류의 삶이 길어지면서

다양한 각도에서 삶의 가치를 바라보고 준비하여야 한다.

에필로그

·
·
·

지금까지 우리는 '100세 장수 시대'의 인생 2막에서 최고의 복지제도인 '즐거운 현역'이라는 느낌표에 대하여 왜(Why) 그리고 어떻게(How)라는 질문과 함께 고민을 풀어보았다. 가성비를 뛰어넘어 소비자의 마음을 움직이는 '플라세보 소비'가 있듯이 각자의 상황과 성향에 맞게 인생 2막을 살아가는 방법과 즐기는 여러 가지 형태가 있을 것이다. 그래서 일반적이고 표준화된 인생 2막과 관련된 여러 정보와 최근 추세를 살펴보며 각자 '2막에서 항해'를 멋지게 하길 바란다.

먼저, 왜 즐거운 평생현역이 부각되는지, 둘째, 매슬로의 인간 욕구와 즐거운 평생현역, 셋째, '100세 시대' 신인류의 출현과 역설, 넷째, 창업 같은 인생 2막, 상황분석 하기, 다섯째, '즐거운 현역'으로 살아가는 N잡러(N-jober, N력), 경제력(Economy, 재력), 사회력(Society, 협력) 및 건강력(Training, 체력)이 유기적으로 운영되는 'NEST 경영 체제' 구축하기 등을 1편에서 살펴보았다. 즉 새의 안락한 둥지(nest) 같은 보금자리 만들기 길라잡이에 대하여 탐구하였다.

그리고 2편에서는 경제적 안정 차원에서 'K주택연금', 내가 누구인지 증명하는 최고의 홍보 용품인 전자출판 'e북' 그리고 건강력을 위한 '실버타운'을 인생 2막 관점에서 관련 내용을 검토하였다. 이를 바탕으로 인생 2막 자신의 몸과 상황에 알맞게 최적화하기를 제시하였다.

이상에서 언급한 요인들과 상황은 서로 의존성이 높아 묶음 제품(Bundling)처럼 전략화할 필요성이 있다. 즉 재산 상태, 소요 자금, 은퇴 전후 6대 리스크와 N잡러, 경제력, 사회력 그리고 건강력이 묶음처럼 유기적으로 연결되고 시너지 효과를 만들며 인생 2막이 계속 진행되기 때문이다. 인생 2막이라는 100세 장수 시대의 긴 여정에서 동반자인 이 요인들의 가중치를 다양화하는 등 Bundling 묶음의 차별화도 요구된다.

아무튼 '매슬로'의 생존과 안전 욕구 등을 충족하기 위하여 기존에 쌓아놓은 자산과 연금 탑을 바탕으로 즐겁게 활동할 수 있는 '일거리'를 만들거나 'K주택연금'을 주춧돌에 추가하여 좀 더 여유롭게 생활하며 주변에 미덕을 베풀며 인생 2막을 살아가는 지혜를 강조하였다. 또한 금전적 자산과 비금전적 자산 그리고 경제적 상태와 심리적 상태 등을 종합적으로 살펴볼 필요가 있다.

그렇다. 자신의 업무 능력과 건강, 인간관계가 쇠퇴하면 소득 생산 활동을 오랫동안 유지할 수가 없다. 또한 재정 상태가 안정되지 않고는 중요한 '비금전적 자산'에 투자할 시간적 여유가 없다. 100세 장수 시대로 인류의 삶이 길어지면서 다양한 각도에서 삶의 가치를 바라보고 준비하여야 한다. 아무쪼록 이 책을 읽는 모든 분이 인생 2막의 항해에서 많은 통찰력을 얻는 계기가 되어 '2막 자신의 삶'을 주도하며 보람있게 살아가는 '즐거운 평생현역'이 되길 기대하여 본다.

인생 2막 최고의 복지제도는
'즐거운 현역'이다
& K주택연금, 실버타운

핵심 내용
다시보기(Rewiew)

1. 100세 시대, 신인류의 출현과 즐거운 현역

01 100세시대 신인류의 등장과 독설

1) 린다 그래튼 교수는 저서 『100세 인생, 2017년』에서 100세 장수시대 도래를 강조하며,
   "오늘 태어난 한국인 대다수의 기대 여명은 107세가 넘고,
   현재 50세 미만인 사람들은 100세 이상 살게 될 가능성이 매우 크다."

2) 통계청은 2025년 65세 고령자 비중이 20%를 넘고, 2050년 40%를 넘을 것으로 전망.
   한국은 2025년 초고령 사회 도달 연수가 7년으로 OECD 국가 1위로 매우 빠르다.

3) OECD 국가중 한국 노인 빈곤율 1위(국민소득 3만불이지만, 노인 빈곤율 40.4%)
   ⇨ 65세 이상 고용률 OECD1위(생계 위해 일터 향하는 노인들, 노인 3명중 1명 일터로)
   * '뚜렷한 해법 찾기가 험난하다'는 것이 더 큰 문제로 부각!!

1. 100세 시대, 신인류의 출현과 즐거운 현역

02 그래도 '나는 즐거운 평생현역이다!'

1) 『손자병법』에서 "진정한 고수는 전쟁을 피하는 것이다"고 하였다.
   ➡ "은퇴를 피하며, 보람된 일거리를 가지고 즐겁게 활동하는 것이 인생 최고 방책이다."
   인생 2막에서 '빈곤', '외로움', '질병'은 『두려운 독수리 3형제』이다.

   ✔ ➜ 3형제를 한 방에 해치우며 도랑 치고 가재 잡는 '1타 3피'전략이 즐거운 평생현역이다.

2) 기존에 전통적인 '일=직업'이라는 한정된 개념에서 탈피하여 취미와 봉사활동 등
   정신적 욕구 충족이라는 새로운 역할까지도 일의 개념에 포함한다.

3) 즉 '일=활동'이라는 확장된 개념으로 새롭게 전환되어,
   인간이 살아가는 과정에서 '행동하는 모든 활동'을 뜻한다.

> · '마음 챙김의 어머니'
> 심리학과 교수 엘렌 랭어의
> 『늙는다는 착각』탈피

2. 창업같은 인생2막, 상황분석하기

01 창업자의 쓴 맛, 단 맛 느끼기

1) 창업자들이 아직도 '창업의 3가지 기본'인 '기술, 업종 경험, 고객'을 잘 모르고
   진입하여 금전과 시간적으로 많은 수업료를 지불하거나 실패한다.

2) 고기집을 오픈하려면 2~3년은 현장에서 기술 탐색과 함께 숯불도 피우고,
   손등과 발등을 데어보며 고객 특성도 파악해야 하는데, 이런 과정을 생략한 큰 대가

3) 우리의 인생 2막 시작도 유사하다. 2막에 대한 적절한 현황 분석과 이를 바탕으로
   2막의 성공적인 시작(start-up) 방안을 마련해야 한다.

2. 창업같은 인생2막, 상황분석하기

02 6대 은퇴 리스크와 본인 관련성 점검

✓ - 꼬리가 몸통 흔들지 않게, 약한 고리를 점검하는 리스크 관리

① 성인 자녀 : 자녀 독립 지체 및 결혼 비용까지 부담 가중

② 중대 질병 : 본인 및 배우자 중대 질병으로 신체적/경제적 고통

③ 창업 실패 : 퇴직 후 창업 실패로 노후 자금 손실

④ 황혼 이혼 : 50대 이후 배우자와 결별로 경제적/심리적 곤란(반토막)

⑤ 손주 돌봄 : 자녀의 맞벌이 증가에 따른 손주 황혼 육아로 심신건강 악화

⑥ 금융 사기 : 금융 지식 부족으로 현혹되는 투자 사기 등 피해
   (인생 2막에서는 투자 수익율 보다 〈 자산 지속성이 중요하다)

3. 즐거운 현역으로 살아가는 'NEST'(둥지)만들기

01 경쟁력 갖추기와 경제력 파이프 만들기

✿ NEST(둥지, 보금자리)는
N잡러, Economy(경제력, 財),
Society(사회력, 協), Training(체력, 體)
영문 앞 글자

1) 'N잡러'로 평생현역 경쟁력 갖추기

(1) 'N잡러의 철학, 직업의식'을 분명히 하자.

(2) 퍼스널 브랜딩(Personal Branding) 갖춘 '1인 기업가'가 되자.

(3) '글쓰기와 스피치 역량가'가 되자.

2) 평생 마르지 않는 'Economy(경제력)' 파이프 만들기

(1) 금융상품 통찰력를 가지고 노후에는 '현금자산'을 연금화하자.

(2) 배우자(아내)를 배려하여 '보유 주택'을 연금화하자.

(3) '상속과 증여'를 전략적으로 활용하자.

3. 즐거운 현역으로 살아가는 'NEST'(둥지)만들기

02 원만한 인간관계와 건강관리

3) 원만한 인간관계 'Society(사회력)' 형성하기

(1) 우리나라에서 '좋은 인간관계'는 행복의 조건이며 장수의 비결이다.

(2) 인간관계가 부족한 사람은 뇌졸증 32% 등 발병률이 더 높았다는 연구결과

4) 즐겁게 'Training(건강관리)' 하기

(1) 65세 이후 의료비 지출이 생애 의료비의 50%가 넘는다.

   특히, 노년의 꾸준한 근력운동은 낙상 위험, 조기 사망을 낮추는 것으로 나타났다.

(2) 2막에는 꾸준한 건강검진과 함께 스쿼트, 절 운동 등 지속적인 하체 근력운동이 필요

   - 빠르게 달리거나 '걷기' 또는 어씽(earthing)도 좋다

4. K주택연금 가입요건과 특이사항

01 왜 K주택연금인가 ?

✅ 주택연금(역 모기지)은 주택 소유자가 집을 담보로 제공하고, 내 집에 살면서
평생 동안 매월 연금을 수령할 수 있도록 **국가가 보증하는 제도**이다.
(노벨경제학상 수상자인 로버트 머튼 MIT대 교수는 한국의 주택연금 제도를 칭찬)

〈가입요건〉

- 부부 중 한 명이'만 55세 이상, 한 명이 대한민국 국민'이며,
  공시가격 12억원 이하의 주택 또는 주거용 오피스텔 소유자도 이용가능
- 다주택자인 경우에도 부부 소유주택의 공시가 합산한액이 12억원 이하이면 가능

〈 주택연금 담보제공 방식 〉

- ❶저당권방식 ❷신탁방식(소유자 사망시 자녀동의 없이, 배우자에게 자동승계)

4. K주택연금 가입요건과 특이사항

02 주택연금 특이사항 및 장점

✅ 주택연금은 가입 시 보유주택 합산 공시가격 12억이하를 확인하고 있으며,
가입 이후 추가로 취득한 주택에 대하여는 제한하지 않는다.

· **주택연금 월수령액이 소득에 포함되지 않기 때문에** 주택연금에 가입하는 경우에도
기초연금, 국민연금 등 공적연금 수령에는 전혀 불이익 없다(건보료 합산되지 않음)

✽ 주택연금 장점

1)평생 주거보장, 2)연금 지급을 국가가 보장
3)주택 가격이 하락하여도 당초 약정 월수령액(연금액)이 그대로 지급(자산 방어 수단)
4)주택연금 지킴이 통장(최저생계비에 해당하는 185만원까지 압류금지 등)
5)(부부)사망시 연금지급 총액이 주택 처분액을 초과되어도 주택공사가 책임지며,
 남는 경우 상속인에게 지급됨

4. K주택연금 가입요건과 특이사항

✅ 주택연금 장단점관련 가입에 대한 소견들을 살펴보면,

1)금융(투자) 리스크 대안이다. 노화가 진행될수록 투자 등 판단능력이 하락되는 현상에 대비한 효과적인 투자 대안이다.

2)자녀 리스크 해결방안이다. 즉 자신의 보유주택을 연금화 자산으로 만들어 놓아 분쟁소지 제거 및 신탁방식은 사망 후 배우자에게 자녀동의 없이 자동 승계된다.

3)주거안정과 아내에 대한 선물이다. 주택연금은 오래 살면 가입자가 유리한 사회보장 상품이다. 또한 남편 사망 이후 부인이 7~8년은 더 생존하는 아내 대한 배려로 매월 연금수령과 자산 디프레 헤지 수단으로 리스크 등에 유용한 방어용 해자(垓字)이다.

4)주거이전 제한, 복리이자 계산, 유동성 문제 등 불편한 단점도 있다. 그러나 노후에 장점이 더 부각되는 상품이며, 정부지급보증 사회보장형 대출상품 일종으로 생각된다.

5. 전자출판(e 북)

What is ?

왜 '전자출판 e북' 이지(Easy) ?

1) 작가 자신이 디자인하며 자유롭게 기록(활자화)하고 추억하는 것

2) 저렴한 e북 출판비용(2천원 정도) * 일반 출판사 종이출판(몇 백만원)

3) 북크크(Bookk), 교보문고 펍플(PubPle) 등을 통하여 전자출판(e북) 과 함께 종이책을 출판하여 판매와 소장을 할 수 있다. 그래서 구매자의 책 주문(POD 방식)에 책을 프린트하기 때문에 '1권의 종이책' 출판도 가능하다.

➡ • '작가 자신이 활동하며 쓸거리'를 구속없이 자유로운 영혼으로 메모하고 추억하는 '즐거움의 산출물'이다.

6. 실버타운 개괄과 살펴보기

01 실버타운 이란 ?

- ✅ 실버타운(Silver Town)은 1960년대 미국 남부지역에서 은퇴노인들 주거지역을 가리키는 말이며, 한국에서는 노인들이 각종 편의시설 등을 받으며 거주하는 주택
- 세계적 추세는 세대통합과 미국을 중심으로 '대학 연계형 은퇴자 마을(UBRC)'이 부각. 스탠퍼드, 라셀 대학교도 'UBRC'을 조성하여 대학 도서관이나 식당을 연계

* "5년 대기해야 돼요" '월 500만원' 고급 실버타운 뜬다(이코노미스트, 2023.5.15.)
▲서울시니어스강남타워(2015년 4월 입주) 5년 ▲더클래식500(2009년 6월) 4년
▲노블레스타워(2008년 4월) 3년 ▲서울시니어스 분당타워(2003년 8월) 3년
▲삼성노블카운티(2001년 5월) 3년 ▲유당마을(1988년 7월) 4년, 대기기간

6. 실버타운 개괄과 살펴보기

02 실버타운 살펴보기(부부 月180식사 환산, 2023년 상반기 가격기준)

1〉THE CLASSIC 500(더 클래식 500) 〈자타 공인 호텔급 최고급 실버타운〉
 - 가치 있는 삶과 문화를 향유하고 싶은 시니어들을 위한 공간과 커뮤니티 제공
① 계약방식 : 보증금 9억원, 1인20식 기본, 180식 환산 月생활비 670만원
② 위치 : 서울 광진구, 건대입구역 도보 3분
③ 주요Service : 응급의료지원, 호텔식 럭셔리 여가지원, 스파, 골프, 수영장 등
* 전지적참견시점 '21.6월 예능방송에서 이영자님 애정하는 실버타운으로 소개

2〉삼성 노블카운티 〈멋진 정원과 최고급 럭셔리 도심근교형 실버타운〉
 - 삼성에서 노인복지사업의 일환으로 설립, 6만8천 평에 드넓은 자연환경
① 계약방식 : 일반세대(20평, 부부기준) - 보증금 4.2억원, 月생활비 560만원
② 위치 : 경기도 용인시 기흥구, 영통역 도보 18분
③ 주요Service : 럭셔리 여가지원, 수영장, 스포츠센터, 어린이집 등

6. 실버타운 개괄과 살펴보기

02 실버타운 살펴보기 (부부 月180식사 환산, 2023년 상반기 가격기준)

3〉서울시니어스 분당타워 〈도심속 웰빙생활, 분당 서울대병원 근처〉
 - 모기업은 송도병원으로 재정 건전, 분당 서울대병원 근처로 90세 이상 1/3
 ① 계약방식 : 보증금(46평, 부부기준) - 5.7억원, 月생활비 380만원 내외
 ② 위치 : 경기도 성남시 분당구, 미금역 도보 15분
 ③ 주요Service : 럭셔리 여가지원, 4레인 수영장, 스포츠센터 등
 ✱ 서울시니어스는 고창, 강남, 가양, 강서, 서울, 분당 총 6개 타워 운영 중

4〉동해약천온천 실버타운 〈동해바다 풍경과 약천 온천의 무릉도원 실버타운〉
 - 방에서 매일 일출과 약천 온천을 함께하며, 산책길이 잘 조성되어 있음,
 ① 계약방식 : 보증금(42평, 부부기준) 2.5억원, 月생활비 200만원(1인, 150만원)
 ② 위치 : 강원도 동해시, 묵호역 차량 15분, ✱ 1박2일 체험숙박(15만원) 가능
 ③ 주요Service : 약천온천, 야외온천풀장, 노래방, 물리치료실 등

7. 저소득자 '고령자 복지주택' 활용하기

고령자 복지주택(이전 명칭, 공공 실버주택)

✅ 고령자 복지주택은 정부차원에서 저소득 고령자를 위한 주거 시설과 복지 시설을
  함께 제공하고자 2019년 처음 도입되었다. 공공주택 영구 임대 형식으로 가성비가
  좋아 숨은 진주 같으나 홍보가 부족하여 지역별로 추가 공고가 발생한다.
  ✱ 입주 신청 자격 등은 ①지역 주민센터나 ②LH '마이홈'에서 조회 가능함

✅ 고령자 복지주택 신청 자격(2023년 상반기 기준)
 - 만 65세 이상, 무주택 가구(전원)를 기본 요건으로, 1순위자는 생계급여 또는
   의료급여 수급자, 2순위자는 국가유공자, 보훈자 등으로 가구당 월평균 소득 70%
   이하인 자, 3순위는 월평균 소득 50% 이하인 자이다.
   이는 월 소득 기준으로 1인 세대 234만 원 이하, 2인 세대 월 300만 원 이하 등이다.
 - 신청 총자산 기준은 세대 구성원 합계로 순자산이 2억 5500만 원 이하이며,
 - 특히, 세대원이 보유한 개별 자동차 가액 기준은 3683만 원 이하여야 한다.

참고 문헌

- 『55+ 지혜로운 노후생활』 정순태, 2020.
- 『60대와 70대 마음과 몸을 가다듬는 법』 와다 히데키, 2021.
- 『70세가 노화의 갈림길』 와다 히데키, 2022.
- 『80세의 벽: 실천편』 와다 히데키, 2023.
- 『100세 시대, 평생교육 평생현역』 박종철(공저), 2023.
- 『100세 인생: 저주가 아닌 선물』 린다 그래튼, 앤드루 스콧, 2017.
- 『고령사회의 사회보장과 세대충돌』 오영수, 2021.
- 『난문쾌답』 오마에 겐이치, 2012.
- 『남은 50을 위한 50세 공부법』 와다 히데키, 2017.
- 『네빌 고다드 5일간의 강의(나에 대한 관념이 나의 모든 것을 결정한다』 네빌 도다드, 2011.
- 『늙는다는 착각』 엘렌 랭어, 2020.
- 『노화의 종말』 데이비드 A. 싱클레어, 2020.
- 『당신이 누구인지 책으로 증명하라』 한근태, 2021.
- 『무엇이 좋은 삶인가』 김헌, 김월회, 2020.
- 『백년두뇌』 하세가와 요시야, 2018.
- 『백년을 살아보니 : 인생의 황금기는 60~75세』 김형석, 2016.
- 『백세시대 생애설계』 오영수, 2020.
- 『사람이 운명이다』 김승호, 2015.
- 『살맛 나는 나이』 마리 드 엔젤, 2009.

- 『인생학교: 나이 드는 법』 앤 카르프, 2016.
- 『인생 2막 어떻게 살 것인가』 허남철, 2020.
- 『인생 2막 귀농귀촌 꿈을 이루다』 김수남, 2022.
- 『의사에게 살해당하지 않는 47가지 방법』 곤도 마코토, 2014.
- 『은퇴의 기술』 황인철, 2017.
- 『은퇴하고 즐거운 일을 시작했다』 이보영, 2022.
- 『유럽 축구 명장의 전술』 시미즈 히테토, 2017.
- 『퇴직없는 인생 기획』 도영태, 2019.
- 『프로페셔널의 조건』 피터 드러커, 2022.
- 『퍼스널 브랜딩 책쓰기』 조영석, 2023.
- 『퍼스널 컬러 이야기』 팽정은, 2023.
- 『하루 1시간, 8주에 끝내는 책쓰기』 최영원, 2022.
- 『행복한 노후 매뉴얼』 정재완, 2022.
- 『행복한 미래를 위한 노후설계』 임명희, 2018